Erlebnis

BERGISCHES LAND

Erlebnis BERGISCHES LAND

**Unterwegs
im Bergischen
und Oberbergischen Land**
mit der ganzen Familie

von
Ulrike Walden
und
Wolfgang Oelsner

J.P. BACHEM VERLAG

Gewidmet unseren Eltern. Bei den Ausflügen mit ihnen ins Bergische vergaßen wir, daß andere in den Süden flogen. Daran denken wir gerne zurück. Und wir wünschen ganz vielen anderen Leuten ebenso bezeichnende Familienerlebnisse. Dazu will unser Buch beitragen.

Bildnachweis:
Alle Abbildungen: Ulrike Walden/Wolfgang Oelsner und Archiv außer:
ADFC Wuppertal S. 49, 50
Deutsches Röntgenmuseum S. 92, 93, 94
Freizeitbad Bergische Sonne S. 20, 21, 22
Kindermuseum S. 23, 25
Museum für Frühindustrialisierung S. 11, 12, 15, 39, 40
Musikschule Burscheid S. 130, 131
Rheinisches Industriemuseum S. 77, 140, 141, 143, 144
Tessloff Verlag S. 66
Uhrenmuseum S. 45, 46
Zoo Wuppertal S. 17

Die Deutsche Bibliothek – CIP-Einheitsaufnahme

Walden, Ulrike:
Erlebnis Bergisches Land: unterwegs im Bergischen und Oberbergischen Land mit der ganzen Familie / Ulrike Walden/Wolfgang Oelsner. –
1. Aufl. – Köln: Bachem, 1999
ISBN 3-7616-1404-7

1. Auflage 1999
© J. P. Bachem Verlag, Köln 1999
Umschlaggestaltung: Heike Unger, Köln
Satz und Druck: Druckerei J. P. Bachem GmbH & Co. KG, Köln
Printed in Germany
ISBN: 3-7616-1404-7

Inhaltsverzeichnis

1. Erlebnis Wuppertal

2. Erlebnis Solingen

3. Erlebnis Remscheid

4. Erlebnis Wupper

Ein Fluß wäscht sich sauber

High-Tech bis Mittelalter

Kotten-Tour per Fahrrad

Der Fluß ist müde

5. Rheinisch-Bergischer Kreis

Erlebnis Odenthal
Es war einmal

Der Dom auf der Kuhweide

Erlebnis Bergisch Gladbach
Schule wie zur Kaiserzeit

Staunen und Mitmachen

Was es sonst noch gibt in Bergisch Gladbach

Erlebnis Burscheid
Singen und Klingen

Was es sonst noch gibt in Burscheid

6. Das Oberbergische Land

Erlebnis Reichshof
Popcorn macht Freunde

Erlebnis Waldbröl
Ein Schwein gefällig?

1. Erlebnis Wuppertal

Eine kleine, mühselige Welt
Das Museum für Frühindustrialisierung

Weltweit bekannt ist Wuppertal durch seine Schwebebahn, die 1900 eröffnet worden ist. Aber schon davor
war diese Stadt ein bedeutendes Zentrum der Textilindustrie. Dazu wurde sie aus der Not heraus. Denn von
der Landwirtschaft allein konnten die Menschen schon
recht früh nicht mehr leben. Die Böden sind schlecht im
Bergischen. Eine weitere Ursache liegt darin, daß alle Kinder immer den gleichen Anteil des Besitzes erbten und
dieser so in immer kleinere Parzellen aufgeteilt wurde.
So mußten sich die Bewohner **Elberfelds** und **Barmens**
schon früh einen weiteren Broterwerb suchen: Die Bleicherei (siehe Kapitel „Weiß wie Schnee"). Von da an ent-

Das Elendsquartier
„Die Fuhr" um 1860

11

wickelte sich nach und nach eine vielseitige **Textilindustrie.** Färbereien schossen aus dem Boden, und immer mehr Menschen zogen ins Wuppertal, arbeiteten zuhause an Webstühlen, später in Fabriken, etwa Spinnereien. Es war ganz selbstverständlich, daß die Kinder ihren Teil zum Familieneinkommen beitrugen. Wie die Menschen vor allem während der Frühindustrialisierung (etwa 1780 bis 1840) gelebt haben, bevor die Handarbeit von der industriellen Fertigung überrollt wurde, zeigt das Historische Zentrum Wuppertal anhand von Maschinen, Bildern und Dokumenten.

Kindersterblichkeit

Hier wird deutlich, wie schlecht die Lebensbedingungen waren, wie mühsam der Alltag vor nicht allzu langer Zeit noch war. Große Teile der Bevölkerung waren in der ersten Hälfte des vergangenen Jahrhunderts unterernährt. In Elberfeld starben zwischen 1810 und 1850 329 von 1000 Neugeborenen, bevor sie das fünfte Lebensjahr erreicht hatten. Traten Wirtschaftskrisen auf, wurden auch die einfachsten Lebensmittel wie Schwarzbrot unerschwinglich. Die Menschen hungerten. Und wenn

Oft stand der Webstuhl im Wohnzimmer

zudem Epidemien wüteten – nicht etwa die Cholera, sondern relativ harmlose Krankheiten wie Röteln oder Masern – überlebte das nur jeder Zweite unter 18 Jahren. Denn die geschwächten Kinder und Jugendlichen wurden von den Krankheiten regelrecht dahingerafft. Das war zum Beispiel 1818 der Fall, nach einer Hungerkatastrophe. Auf 1000 Lebendgeburten kamen 641 Sterbefälle von Kindern und Jugendlichen unter 18 Jahren. Doch sogar in „normalen" Jahren lag die Sterblichkeit von Kindern und Jugendlichen höher als heute in Ländern der sogenannten Dritten Welt, etwa als in Bangladesh auf dem indischen Subkontinent; Bangladesh gilt heute als ärmstes Land der Erde.

Kinderarbeit

Schon in der Landwirtschaft und der Heimindustrie mußten bereits kleine Jungen und Mädchen arbeiten. Der Bauer nahm den Jungen mit aufs Feld, Mütter brachten ihren Töchtern das Kochen und Nähen bei. Kinder waren oft der einzige Reichtum der armen Leute. Fand sich keine Beschäftigung in Haus und Hof, so mußte das Kind beim Nachbarn helfen – oder auf der Straße betteln.

In der Werkstatt eines Webers mußte ein Kind zum Beispiel am Spulrad Garn wickeln: Der Vater brauchte die Spulen für das Weberschiffchen, um Stoff herstellen zu können. Je älter das Kind war, desto komplizierter wurden die Tätigkeiten. So wuchs es in den Beruf hinein. Eine Schulausbildung gab es zunächst nur für wenige. In den Materialien des Museums für Frühindustrialisierung heißt es: „Die meisten Menschen lernten das, was sie zur Bewältigung des Lebens brauchten, indem sie von Kindesbeinen an in die Produktionseinheit von Haus und Hof mit eingegeliedert wurden." Aber da hatten Kinder zwischendurch auch mal eine Pause zum Trödeln, wenn sie Besorgungen zu machen hatten. Oder sie kamen bei der Feldarbeit an die frische Luft.

Das änderte sich mit den Manufakturen. Während zuvor alle Arbeitsschritte bis zum fertigen Produkt überschaubar waren, wurde in Manufakturen die Arbeit in verschiedene Spezialgebiete unterteilt. Selbstverständlich arbeiteten hier auch Kinder, aber ihr Tag war stärker festgelegt. Ihre Lage verschlechterte sich noch, als Maschinen eingeführt wurden, als aus Manufakturen also Fabriken wurden. Die Arbeitszeiten wurden länger, das Tempo schneller. Erste Proteste gegen Kinderarbeit kamen auf – nicht zuletzt deshalb, weil man feststellte, daß die jungen Soldaten aus Gegenden mit vielen Fabriken oft schwach und „verkrüppelt" waren.

In einem Bericht des Schulreformers Diesterweg, der von 1818 bis 1820 in Elberfeld Lehrer war, heißt es:

„von Minute zu Minute von Stunde zu Stunde"

„Im Sommer um 5 oder 6 Uhr, im Winter um 6 oder 7 Uhr oder sobald es Tag ist, ruft die Glocke das Kind in die Fabrik. An den meisten Fabrikaten kann das Kind vom 8. oder 9. Lebensjahr an gebraucht werden. Sobald es in dem Fabrikhaus angekommen ist, geht es an die Maschine und verrichtet sein Geschäft. Meist ist seine Arbeit einfach und leicht, immer eine und dieselbe, vom Morgen bis zum Mittage...Nur am Anfang bedarf es zur genügenden Verrichtung seiner Geschäfte der Aufmerksamkeit; nach kurzer Zeit spinnt und spult, klopft und hämmert es maschinenmäßig fort, von Minute zu Minute, von Stunde zu Stunde, bis die Mittagsglocke die Arbeiter eine Stunde entläßt. Das Kind eilt nach Hause, verzehrt sein mageres Mittagsbrot, wandert um 1 Uhr wieder seinem Kerker zu, beginnt da und damit, wo es eine Stunde vorher aufhörte, und setzt seine Tätigkeit von Minute zu Minute und von Stunde zu Stunde, bis 7 oder 8 Uhr am Abend fort. Das ist der Beruf der Kinder am Montag, Dienstag, Mittwoch, Donnerstag, Freitag und Samstag, täglich ungefähr nicht weniger als 12 oder 14 Stunden, also den ganzen Tag, die ganze Woche, das ganze Jahr hindurch, ... Nachdem das Fabrikkind den ganzen bösen Tag lang die Fäden gezogen hat, schleppt es die müden Glieder und den noch erschlaffteren Geist heim in die Hütte, sich sehnend nach Ruhe. Dem glücklicheren Kind winkt sie auf weichem Lager, das Fabrikkind hat am Feierabend noch nicht Feierabend. Es muß zur Schule. In der Hast wird der Hunger mit Brot oder

Kartoffeln gestillt, die bestaubten Kleider werden etwas gestäubt, Gesicht und Hände werden gewaschen und nun geht es ... durch die kotigen Gassen nach der fern liegenden Abendschule, wo eine neue Qual der Kinder wartet ... Halb schlafend schleppt das Kind sich heim und wirft sich auf sein Strohlager ... Aber die Nacht ist schon vorüber; schon graut der Morgen; da zieht der Teufel die Fabrikglocke. Und die Mutter schüttelt das Kind aus dem Schlafe. Schlaftrunken rafft es seine Lumpen zusammen und eilt in jedem Wetter aus der Wärme des nächtlichen Lagers in die neblichte, kalte Winterluft ... nur des Stockes des Aufsehers gedenkend und bemüht, der Strafe der Verspätung zu entgehen. Das Kind steht beim Aufgang der Sonne wieder da, wo es beim Untergang derselben stehenblieb; das Spinnrad läuft, die Spulen rasseln, die Fabrik ist im Gange."

Das Kind, so Diesterweg, werde in der Fabrik selbst zur Maschine.

Und weiter:

„Blaß und abgemagert, mit tiefliegenden, blau umkränzten stieren und leblosen Augen, mit straff anliegender, oft schon faltenreicher Haut des Antlitzes stehen die abgemagerten Kinder da, ein Bild der körperlichen Zerrüttung und Verkrüppelung. Einatmend die schwere Dunstluft, welche durch zusammengepreßte Menschenmenge, durch ausdunstendes Öl, Baumwolle, Feuchtigkeit aller Art und den Qualm der Lampen hervorgebracht wird; die ewig einförmige, einseitig die Körperkraft in Anspruch nehmende und andere Kräfte gänzlich im Schlummer lassende Bewegung, die Unnatürlichkeit des beständigen Stehens oder Sitzens, der Mangel an Ruhe und Erholung ..."

An den großen Maschinen arbeiteten auch kleine Kinder

Zu essen gab es für diese Kinder und ihre Eltern vor allem Schwarzbrot und Kartoffeln. Schlimm war es, wenn gerade die Preise für diese beiden Lebensmittel wieder einmal stiegen. Hermann Enters, der später nach Amerika auswanderte, berichtet in seinem Buch „Die kleine, mühselige Welt des jungen Hermann Enters":

> *„Was das Brot kostete, wurde wöchentlich öffentlich angeschlagen, und ich erinnere mich, daß mich Mutter öfters schickte und ich sehen mußte, ob das Schwarzbrot noch nicht billiger geworden war, von Weißbrot war überhaupt keine Rede. Ich lief, so schnell ich konnte, und sah in den kleinen Kasten, der an einem bestimmten Platz an der Straße hing: Das 7pfündige Schwarzbrot kostete von dem Datum an so und so viel. War es 2 Pfennige billiger geworden, dann machte Mutter ein freudiges Gesicht, war es aber wieder 2 Pfennige teurer geworden, dann kam ein Donnerkeil aus Vaters Mund."*

So lange ist es also noch nicht her, daß Kinderarbeit in Deutschland ebenso üblich war wie heute in Ländern der „Dritten Welt". Die Ursache ist die gleiche geblieben: Kinder sind billige Arbeitskräfte, und weil sie kleiner sind als Erwachsene, eignen sie sich für bestimmte Tätigkeiten besonders gut – etwa für das Knüpfen von Teppichen oder die Arbeit in niedrigen Bergwerksstollen. Eine fröhliche Kindheit aber hatten diese Kinder nicht.

Der Garten der Tiere

Spaziergang zum Zoo

Ganz gemächlich wollen wir uns dem Wuppertaler Zoo nähern und den Spaziergang in dem Tiergarten fortsetzen, welcher mit seinen vielen alten Bäumen der landschaftlich wohl reizvollste ganz Deutschlands ist. Wir parken das Auto am fast hundert Meter hohen Fernsehturm hoch oben auf der Höhe am Küllenhahn, zwischen Elberfeld und Cronenberg, neben dem traditionsreichen Ausflugslokal „Rigi Kulm" am Jung-Stilling-Weg, der von der Cronenberger Straße abführt. Von hier aus können wir einen großen Teil des Tals sehen. Wir folgen dem Weg immer weiter geradeaus, überqueren die Rhönstraße und wandern, der Zeppelinallee folgend, durch das Burgholz bis zur Königshöhe. Von da an geht es durch den Wald bergab. Wir müssen immer nur geradeaus gehen, mal auf breiten Wegen, mal auf schmalen Pfaden, und

Das neue Elefantenhaus

wir gelangen in jedem Fall an die Mauern, die den Zoo umgeben. An der Mauer entlang gehen wir nach rechts. Wo sie endet, nach links, dort finden wir den Eingang des Zoos, der terrassenförmig angelegt ist. Dieser Tiergarten ist einer der ältesten Deutschlands.

Er wurde bereits 1881 gegründet und mit einem vornehmen Restaurant ausgestattet. Hier sollte das Geld für den Betrieb des Zoos eingenommen werden. Viele Tiere gab es anfangs wahrhaftig nicht. Ein Wolfspaar und ein Bär bildeten die Attraktionen. Schon damals war der Tiergarten jedoch ein sehr gepflegter Park, der bis heute erhalten geblieben ist. Erst in den Jahren 1926 entstand eine Anlage, die sich mit gutem Recht „Zoo" nennen konnte. Denn damals wurden ein Affen- und Elefantenhaus sowie ein Aquarium gebaut. Bis sich aber ein moderner Tiergarten entwickelte, sollten noch viele Jahre vergehen. Bis heute ist der Wuppertaler Zoo überschaubar – und das hat sein Gutes. Denn Besucher behalten den Überblick und werden nicht von Eindrücken überschwemmt.

Viel Zeit nehmen wir uns für die Elefanten, die in einem 1995 neu eröffneten Haus nach neuen Erkenntnissen gehalten werden. Denn heute weiß man über Elefanten viel mehr als zu den Anfängen des Zoos. So leben afrikanische Elefanten – und sie vor allem beherbergt der Wuppertaler Zoo – in kleinen Gruppen zusammen. Diese bestehen aus den weiblichen Tieren, den Kühen, ihren erwachsenen Töchtern und den Jungtieren, den Kälbern. Junge Männchen verlassen diese Weiberwirtschaft, wenn sie geschlechtsreif sind, und schließen sich oft älteren Elefantenbullen an. Und so gibt es im Wuppertaler Zoo einen Bereich für eine Herde von Elefantenkühen und Jungtieren, darüber hinaus aber einen Extraraum für den Männerclub. Alle haben in dem Haus und der Außenanlage viel Platz, sich zu treffen oder sich auch aus dem Weg zu gehen.

Elefanten können
70 Jahre alt werden

In dem schönen lichten Bau finden wir auch Tafeln, die uns interessante Einzelheiten erklären. So erfahren wir, daß erwachsene Elefanten 70 Jahre alt werden können, die jungen Tiere aber in freier Wildbahn sehr gefährdet sind. Viele sterben, weil ihre Mütter in Zeiten der Trockenheit nicht genug Futter finden und somit zu wenig Milch haben, andere werden von Hyänen gejagt. Sehr anschaulich wird Besuchern auch vor Augen geführt, wie sich das Leben in Freiheit von einem Tag im Zoo unterscheidet. In der Natur sind Elefanten 12 bis 18 Stunden damit beschäftigt, Nahrung zu suchen. Dabei können sie durchaus 100 Kilometer zurücklegen. Abends, an der Wasserstelle, widmen sich die Tiere einer gründlichen Hautpflege: sie baden und scheuern sich die Haut mit Sand sauber.

Im Zoo müssen Tierpfleger diese Aufgabe übernehmen. Sie schrubben die Elefanten täglich sauber. Aber mit dem Bad ist es nicht getan. Weil die Elefanten sich in dem Gehege weit weniger bewegen als in der Natur, müssen die Tierpfleger regelmäßig die Fußnägel mit der Feile kürzen und auch die Fußsohle vorsichtig abraspeln. Wird sie zu dick, entstehen nämlich Risse. Elefanten haben übrigens sehr bemerkenswerte Füße. Daß sie sich trotz ihres Gewichtes von mehreren Tonnen fast lautlos bewegen, liegt an ihrem elastischen Sohlenpolster.

Bei der abendlichen Körperpflege hört man die Betreuer oft sehr energisch mit den Elefanten sprechen. Mit gutem Grund. Zu seinem eigenen Schutz muß ein Tierpfleger nämlich darauf achten, daß die Herde ihn als „Alpha-Tier", also als Chef, akzeptiert. Kommandos, die immer wieder geübt werden, müssen von den Elefanten befolgt werden.

Natürlich leben im Zoo neben den Elefanten noch viele andere Tiere, etwa die Eisbären, die man auch beim Schwimmen durch eine Unterwasserscheibe beobachten kann. Wir sehen Giftschlangen und Krokodile, den blauen Pfeilgiftfrosch und den Mönchsgeier, große Raubkatzen – und kleine Mäuse.

In Wuppertal schwebt man

Vom Zoo aus können wir noch einen kleinen Ausflug mit der Schwebebahn unternehmen – zum Beispiel bis zur Elberfelder Innenstadt (Döppersberg) und von da zum Uhrenmuseum. Weil die Gerüste der 1900 eröffneten Schwebebahn jedoch bis zum großen 100jährigen Jubiläum überholt werden, fahren die Bahnen nicht immer. Für diesen Fall verkehrt ein Ersatzbus.

Wir können aber auch durch das Burgholz wieder zurück zum Ausgangspunkt gehen (etwa eine Stunde) – und müssen keineswegs unbedingt genau die gleiche Strecke nehmen wie auf dem Hinweg. Hauptsache, immer bergauf bis zur Königshöhe und dann immer geradeaus Richtung Fernsehturm. Und von da aus ist es mit dem Auto ein Katzensprung bis zum Schwimmbad „Bergische Sonne".

Extras:

Vorweg: Hunde dürfen zum Schutz der Tiere nicht in den Zoo!

Zooschule

Die Lehrerinnen und Lehrer der Zooschule haben es sich zur Aufgabe gemacht, die Tiere Kindern verschiedener Altersgruppen und Schulformen nahezubringen.

Im Mittelpunkt steht das genaue Beobachten. Die Mindestdauer des lebendigen Biologie-Unterrichts beträgt zwei Zeitstunden. Der Unterricht in der Zooschule ist kostenlos. Schulklassen, die von auswärts kommen, bekommen Gruppenermäßigung.

Im Sommer gibt's auch – passend zum Umfeld – Gartenkonzerte. Kinderfeste werden während der Sommerferien dienstags ausgerichtet (nachmittags). In den Sommerferien kann man auch an fachkundigen Führungen teilnehmen.

Zoo-Safari

Kindern werden an der Kasse Blätter für eine Rätsel-Safari ausgegeben.

Ein Meer auf dem Berg

Das Freizeitbad Bergische Sonne

Badespaß für Babys

Wenn es Bindfäden regnet, und das soll in Wuppertal öfter vorkommen, dann gibt es eine gute Adresse für eine kurze Reise in die Sonne. Denn so ist das große Freizeitbad an der Lichtscheider Straße hoch über dem Wuppertal benannt, das für Kinder wie Erwachsene eine Menge bietet. Größere Jungen und Mädchen werden sich vergnügt im Wellenbecken austoben, dessen Gischt bis zu 80 Zentimeter hoch aufbraust. Da kann man sich schon fühlen wie an einem südlichen Strand, zumal Felsenlandschaft und Palmen dieses Gefühl noch verstärken. Und mächtig rauscht von hoch oben ein Wasserfall herab.

Sehr attraktiv sind für Kinder natürlich auch die neuen High-Tech-Rutschen, die einmalig in Deutschland sein sollen. Sie heißen „Black Hole" und „Blue Line". Wer sich in das „Black Hole" traut, erlebt eine aufregende Fahrt durch verrückte Lichteffekte. Die „Blue Line" ist lichtdurchlässig. Sie hat viele aufregende „Jumps" und Kurven. Verletzen, so wird versprochen, könnten sich die Kinder nicht. Eine Einstiegskontrolle sorge für angemessene Abstände zwischen den Rutschpartien, und alle Röhren würden ständig per Video überwacht. Insgesamt sind die Rutschen übrigens 202 Meter lang.

Und die Minis, die noch zu klein für solche Abenteuer sind, plantschen und spielen im „Junior-Duck"-Bereich.

Tauchen im Pool

Die Erwachsenen können sich zwischendurch im 32
Grad warmen Solebecken erholen – auch unter freiem
Himmel – oder in der Sauna. Die Kabinen haben unterschiedliche Temperaturen, und die schonende Bio-
Sauna, in der man es locker eine halbe Stunde aushalten
kann, ist auch für Anfänger gut verträglich. In ihr herr-
schen nur 50 Grad. Eine heilsame Wirkung hat hier
zudem das Licht, das von Rot bis Blau wechselt. Hekti-
sche Menschen, so heißt es, könnten sich in der Bio-
Sauna entspannen, und wer ein bißchen mehr Power

braucht, bekäme neuen Schwung. Im Saunabereich findet sich auch ein schönes großes kombiniertes Warm- und Kaltbecken, das für Kenner den Reiz dieses Schwitzbades ausmacht. Im übrigen wird hier in den Saunakabinen auch auf Ruhe geachtet. Das ist nicht überall der Fall.

Ein bißchen klein ist der Kamin, dessen Wärme kaum bis zu den Ruhenden gelangt. Aber das soll sich ändern. Ein Ruhehaus mit Kaminecke und integrierter Sauna ist geplant, ebenso eine Stollensauna, die zum ersten Mal in Deutschland entstehen wird.

Besondere
Attraktionen winken
in den Ferien

Sehr umfangreich ist darüber hinaus das Programm des Sport-Clubs. Die Kurse reichen von Wassergymnastik und Wirbelsäulen-Gymnastik bis zu Step-Aerobic, Bodystyling, Fatburner und Schnuppertauchen. Kinder können hier auch schwimmen lernen (unterschiedliche Angebote in drei Altersgruppen zwischen zwei und zehn Jahren). Während die Eltern saunen oder Sport treiben, kümmern sich ausgebildete Betreuerinnen in einem „Mini-Kindergarten" um die Kleinen (Zeiten telefonisch erfragen).

Für Kinder, Jugendliche und Erwachsene, die gerne sportlich schwimmen, also zügig Bahn um Bahn ziehen wollen, eignet sich die Bergische Sonne nicht. Sie ist halt eher ein „multifunktionales Freizeitbad".

Extra:

In den **Sommerferien** werden Kindern weitere Attraktionen geboten.

Kindergeburtstag

Mütter und Väter, die keine Lust haben, sich viel Arbeit zu machen, laden die kleinen Gäste in die Bergische Sonne ein. Dort gibt es an einem hübsch gedeckten Tisch für 25 Mark pro Steppke Pasta ohne Ende, Limo, Wackelpeter, Berliner Ballen oder Donut, vier Stunden Badespaß und ein Überraschungspaket. Auf Wunsch werden sogar eine Kinderbetreuerin oder ein Zauberer gestellt (Preise auf Anfrage). Das Geburtstagskind zahlt keinen Eintritt – vorausgesetzt, die Party findet nicht später als vier Wochen nach dem Geburtstag statt und es bringt mindestens drei geladene Gäste mit.

Wo Elefanten blau sind

Das Kindermuseum

Es gibt einen Elefanten, der ist nicht staubgrau wie seine Brüder in Asien und Afrika, sondern blau, knatschblau, und auf seiner Stirn trägt er einen knallroten Stern. Aber das Größte: Er leiht Besuchern seinen Elefantenschwanz. Den nehmen die Gäste zur Hand und pusten hinein. Und dann erklingt ein Ton. Er fällt immer wieder anders aus. Manchmal hört er sich an wie ein kurzatmiges Keuchen, manchmal wie ein schüchterner Pups, ein anderes Mal wie ein triumphierendes Saxophon.

Phantasievolle Kinderbilder zeigt das Museum

Der Elefant heißt Ottifant. Er steht in dem einzigen Museum, das Kinder für Kinder (und Erwachsene) eingerichtet haben. Alle Ausstellungsstücke stammen aus der Hand von Kindern und nicht von berühmten Künstlern. Aber berühmt geworden sind diese Kunstwerke, vor vielen Jahren geschaffen von Jungen und Mädchen einer Schule in dem Wuppertaler Stadtteil Langerfeld, inzwischen auch schon bei vielen Fachleuten. Trotzdem wissen nur die wenigsten Leute in Wuppertal und Umgebung, daß es dieses ganz wunderbare Museum gibt. Denn es hat nur wenig Geld, und Werbung ist teuer. Hier aber verraten wir gerne unseren Geheimtip. Kinder,

Eltern, Großeltern und Tanten, Onkel, Kindergarten-Erzieherinnen und Lehrer werden staunen. Und die kleinen Besucher werden noch lange versuchen nachzubauen, was sie dort gesehen haben.

Einer der ehrenamtlichen Helfer, ohne die das Museum nicht existieren könnte, empfängt eine Gruppe von Schülern. Die dürfen sich zunächst alle Musikinstrumente – denn darum handelt es sich auch bei Ottifant – ansehen und ausprobieren. Zum Beispiel den Teufelsbaß, mit dem im Winter 1974 alles angefangen hatte. Da waren es die Kinder einer Wuppertaler Schule, ziemliche Rabauken, leid gewesen, im Werkunterricht zu malen, zu zeichnen, auszuschneiden, Roboter zu löten oder Schiffe zu bauen. Bei all diesen Arbeiten hatte Kunsterzieherin Margret Beckmannshagen ihnen stets kräftig helfen müssen. Aber diese Lehrerin hatte einen Traum: Sie glaubte, daß auch heutzutage, wo Computer schon Kinderzimmer beherrschen, in jedem kleinen Menschen ein wahrer Steinzeitkünstler steckt, der aus ganz einfachen Dingen, sogar aus Müll, ein klingendes Instrument schaffen kann. Von Musik hatte sie selbst, anders als von bildender Kunst, etwa Malerei, damals selbst keine Ahnung. Sie spielte gerade mal Blockflöte. Und deshalb mußten die Kinder sich ganz alleine einfallen lassen, wie man aus einer Bierdose, einem Stock und einem Draht einen Teufelsbaß baut. Frau Beckmannshagen konnte ihnen dabei nicht viel Unterstützung geben. Die Kinder probierten und probierten. Schließlich entlockten sie der Bierdose, auf eine Holzleiste genagelt, mit Draht überspannt, wundersame Klänge. Wer richtig zu hören versteht, vernimmt ein Singen, als ob der Wind über Hänge in den Telefondraht fährt und sirrt und läutet, stürmt und stöhnt.

Einfach waren die ersten Instrumente. Auch die Rasseln aus Kronenkorken, die Besucher im Kindermuseum selbst ausprobieren können; Kronenkorken wurden durchlöchert, auf doppelt gedrehten Zaundraht aufgezogen, der zu einem Ring gebogen wurde. Die Drahtenden in Arzneimittelröhrchen gesteckt (die es freilich nicht mehr gibt), fertig war der Handgriff der Rassel.

Instrumente
aus Müll

24

Schließlich erfanden die Schüler immer kompliziertere Klangkörper. Sie fummelten, knobelten, versuchten, waren enttäuscht, versuchten wieder, fanden Lösungen. Zum Beispiel entdeckten sie, wie man ein Metallophon machen kann. Das haben die Kinder aus den Eisenbeinen ausgemusterter Schultische gebaut. Sie mußten die Rohre abmessen, wiegen, in unterschiedlichen Längen absägen, feilen, blankschleifen, lackieren gegen Rost. Die Rohre wurden auch zu einem Klavier verarbeitet. Flöten aus Eisenrohren gibt es ebenfalls. Und Zupfinstrumente, die schon anspruchsvoller waren als der Teufelsbaß. Sie bestanden zunächst aus schlichten Brettern mit Saiten. Später merkten die Schüler, daß sich Blechdosen als Resonanzkörper eignen. Dann bastelten sie Gitarren über Gitarren und nach einer Abbildung sogar eine Harfe. Es waren nicht immer dieselben Kinder, die Schritt für Schritt, immer einfallsreichere, volltönendere und witziger aussehende Instrumente schufen. Sondern die Arbeit fand in mehreren Klassen über viele Jahre statt. Natürlich wurde in der ganzen Zeit auch musiziert. Wie sonst hätten die Kinder über so lange Zeit mit Spaß bei der Sache bleiben können? Die Schüler, aber auch die Lehrer waren ganz einfach fasziniert von dieser ganz ursprünglichen Musik, wie wir sie aus fremden Ländern kennen. „Schon bei den ersten Klängen, die sie vorbrachten, haben die Kinder eine richtige Gänsehaut bekommen", berichtete Frau Beckmannshagen, eine ältere Dame mit weißen Harren, die recht energisch sein kann, aber voller Liebe für Kinder ist.

Die Jungen und Mädchen, die heute gekommen sind, haben sich nun lange genug umgeschaut, getrommelt, geflötet, gezupft, geklingelt. Sie haben die Harfen-Giraffe, den Gitarren-Pfau und das Trommel-Krokodil bestaunt. Nun sollen sie sich zu einem Orchester zusammenfinden. Vorher dürfen sie jedoch dem Ottifanten nach und nach in den Schwanz, einen Gartenschlauch mit auswechselbaren Mundstücken, pusten. „Trompeten ist ganz leicht", verspricht der Museumspädagoge, „das können schon Kindergartenkinder. Je kleiner die Kinder sind, desto leichter geht es." Und dann erklärt er, wie es geht: „Ihr müßt grinsen, bis die Mundwinkel bis zu den

Gitarren-Pfau und Harfen-Giraffe

25

Ohrläppchen reichen." Jeder kommt mal dran. Das Trompeten hört sich an wie eine Lokomotive, ein klagender Klabautermann, ein fauchender Tiger – oder ein verzagtes Püpschen. Auch die Erwachsenen dürfen sich am Ottifanten kräftig blamieren. Denn sie können oft viel schlechter trompeten als die Kinder.

Töne aus Trinkhalmen und Schneckenhäusern

Die Mädchen und Jungen sitzen im Kreis. Der Museumspädagoge öffnet einen Zauberkasten und entlockt allen möglichen Gegenständen aus Küche, Keller oder vom Meeresstrand Töne der unterschiedlichsten Art. Er benutzt Trinkhalme, Teigrollen ohne Griff, einen Bierzapfhahn, Papier, Plastikbecher, Schneckenhäuser, Staubsaugerrohre. Einem Geburtstagskind wird sogar ein Ständchen gebracht. „Happy birthday to you." Klingt gar nicht mal schlecht.

Nun werden Trommeln und Rasseln (die mit den Kronenkorken zum Beispiel) verteilt. Eine erwachsene Besucherin, die sich erstmal überhaupt nicht traut, wagt es dann doch zu dirigieren. Eine Museums-Mitarbeiterin flötet, Mitarbeiterinnen spielen Xylophon. Die Kinder fallen mit ihren Instrumenten ein. Lauter, wieder leiser, lauter. Sie lachen, machen begeistert mit – auch jene, die anfangs ein langes Gesicht gezogen hatten, weil sie nur eine Rassel bekamen. Die hatten dieses Instrument erst ein bißchen zu schlicht gefunden. Denn schließlich, hatten sie anfangs stolz verkündet, spielen sie sonst zuhause oder in der Musikschule „richtige" Instrumente: Saxophon, Geige oder Klavier. Zwei Phantasiestücke gibt das Orchester und belohnt sich dann selbst mit kräftigem Beifall. Zu recht.

Aber das Kindermuseum, seit 1986 in einem Wuppertaler Haus der Jahrhundertwende zuhause, birgt noch weitere Schätze: Bilder über Bilder, im Postkartenformat gemalt von Kindern aus der ganzen Welt. Bei dem fünften internationalen Malwettbewerb, den das Kindermuseum 1989/1990 ausgeschrieben hatte, kamen fast 16 000 Bilder zusammen. Erstaunlich, welche Kunstwerke die Mädchen und Jungen zustande gebracht haben.

Extras:

Musikinstrumente erfinden

Es liegt natürlich nahe, nachzubasteln, was die Langerfelder Kinder vor mehr als 20 Jahren vorgemacht haben: Instrumente aus allen erdenklichen Materialien. Beispiele enthält unter anderem das vor allem für **Pädagogen** interessante Buch von Margret Beckmannshagen „Musikwerken", Burckhardthaus-Laetare-Verlag, 1981. Es ist zu beziehen über Jünger Service, Schumannstraße 161, 6050 Offenbach/Main. Aus dem Buch klingt Seite für Seite die ungebrochene Begeisterung dieser Kunstpädagogin Margret Beckmannshagen, einst Meisterschülerin von Professor Hans Leistikow, Werkakademie Kassel, durch: „Es liegt vor allem ein starker Anreiz im Suchen, im Probieren und im endlichen Finden. Um das Gefühl der Freude bei Entdeckungen sollte man niemanden bringen, denn es geht nicht nur um das sichtbare Resultat, es geht auch ganz entscheidend um das Gefühl in uns, und ich halte es für lebensnotwendig, daß Schüler an sich selber entdecken, wie groß die Befriedigung und Freude ist, wenn eine Lösung selbständig erarbeitet wurde." Sie beschreibt in dem Buch das Projekt an der Langerfelder Schule, das 14 Jahre lang dauerte. Die Geschichte des Kindermuseums schildert sie auch in dem Heft „Menschen – Tiere – Sensationen" (erhältlich im Museum).

Abstecher

Unweit von dem Kindermuseum, in der Spitzenstraße 4, liegt die ehemalige **Langerfelder Dorfschule,** ein verschiefertes Fachwerkhaus. Wer es sich anschaut, bekommt einen Eindruck davon, unter welchen Bedingungen Kinder einst lernen mußten. Die Schule war 1809/1810 erbaut worden. Am 1. Juli 1810 zogen 200 Schüler mit ihrem Lehrer Theodor Vogel ein. Der unterrichtete die 130 Schüler der unteren Klassen vormittags, die 70 der oberen Klassen nachmittags. Erst 1811 wurde ein zweiter Lehrer eingestellt. Die Zahl der Schüler wuchs, und die Klassenräume platzten aus den Nähten. Das größere Zimmer für die kleineren Kinder war 28,8 Quadratmeter groß. Viele Kinder mußten während der Schulstunden stehen. Der kleinere Raum für die größeren Schüler maß 25,5 Quadratmeter. In ihm drängten sich 70 Kinder, wenn alle kamen, was selten der Fall war. Genaugenommen entfielen auf jeden Schüler dieser Dorfschule nicht mehr als 0,27 Quadratmeter. Das kann man mit dem Lineal abmessen.

Die Lehrer hatten es nicht leicht. 1828 schrieb Lehrer Witte an den Schulvorstand: „Ich bitte darum, endlich Dintenfässer für die seit Jahren in den Tischen eingebohrten Löcher zu genehmigen, auch Veranschaulichungsmaterial für die II. Klasse und kostenlose Schulbücher für die Kinder armer Eltern." Als ein zweites Stockwerk auf die unteren Schulstuben gebaut wurde – der Beschluß fiel 1828 –, wurden die Kosten, 600 Taler, auf die Eltern umgelegt.

Der Schulbesuch blieb unregelmäßig. Die Eltern gaben an, ihre Kinder müßten in der Fabrik arbeiten und beim Säen und Ernten helfen. Erst 1842, nachdem weitere Schulen entstanden waren, konnte in der alten Dorfschule ein vernünftiger Unterricht stattfinden. 1874 wurde die neue große Schule an der Spitzenstraße 20 eingeweiht.

(Nach: „Historische Schauplätze in Wuppertal, Solingen und Remscheid", Hrsg. von Klaus Goebel, Born Verlag, Wuppertal 1990).

Vom Leben und Sterben

Die Jugendfarm in Sonnborn

Im Tal der Wupper, umgeben von Wäldern, Wiesen – und ganz nahe am Klärwerk – liegt eine Oase für Wuppertaler Großstadtkinder, die Jugendfarm. Um es vorwegzunehmen: Die Jugendfarm steht ausschließlich den Jungen und Mädchen aus dem unmittelbaren Einzugsbereich zur Verfügung, kann also keine zufälligen Touristen

Kuscheln, schmusen, träumen

aus der weiteren Umgebung verkraften. Denn solche plötzlich hereinschneienden Zaungäste würden die pädagogische Arbeit erschweren. Die Kinder sollen hier zunächst einmal respektvolle und realitätsnahe Beziehungen zu den Tieren auf der Jugendfarm entwickeln. Auf dem Gelände leben Meerschweinchen und Kaninchen, Gänse und Hühner, Hunde, Katzen und Frettchen, Ziegen, Schafe, Kälber, Ponies, Pferde und ein Esel. Sie alle wollen versorgt und gepflegt werden. Dabei helfen die Kinder natürlich – und lernen nebenher auch noch, sich untereinander abzusprechen und Verantwortung zu übernehmen. Das ist allerdings leichter gesagt, als getan. Denn es gibt Aufgaben, um die sich die Jungen und Mädchen an manchen Tagen nicht gerade reißen. Wer mistet schon gerne Ställe aus? Das ist eine mühsame und schweißtreibende Beschäftigung. Aber sie ist notwendig. Denn wenn zum Beispiel Pferde auf nassem Stroh stehen, schadet das ihren Hufen. Außerdem atmen sie dann schädliche Dämpfe ein, die von dem Urin herkommen. Das ist schlecht für ihre Lungen. Also gilt: Wer nicht mistet, Hufe auskratzt und striegelt, darf auch nicht reiten. Darüber muß nicht lange diskutiert werden. Es versteht sich eigentlich von selbst. Und wer das nicht einsehen mag, wird nie richtig dazugehören.

Hufpflege gehört zu den Pflichten

Samstag nachmittag. Eine Gruppe ist mit einem Betreuer und den Ponies unterwegs. Mehrere Jungen und Mädchen gruppieren sich um das Lagerfeuer, das allerdings nicht richtig brennen will. Das liegt daran, daß die Feuerstelle vorher nicht von feuchten Zweigen geräumt worden ist. In den letzten Tagen hatte es geregnet. Die Jungen und Mädchen müssen sich nun darüber einigen, ob sie weiter im Qualm hocken bleiben wollen oder doch lieber ein schönes Feuer entfachen und in ihm Kartoffeln backen wollen. Das dauert, denn keiner hat Lust, die Feuerstelle sauberzumachen. Die Betreuer halten sich raus. Plötzlich aber kommt Andrea Hedemann hinzu, die im Haus der Jugendfarm wohnt, sonst einen ganz anderen Job hat, aber ehrenamtlich viel Zeit und Engagement einbringt. Sie schimpft: „Die Schubkarre ist verschwunden". Sie wird für ganz viele Arbeiten gebraucht, etwa zum Misten. Keiner will sie zuletzt

Alle Kinder lieben
Lagerfeuer

gehabt haben – und dann fällt einem Jungen ein, daß er
damit einen Freund herumgefahren hat. Die Karre muß
irgendwo auf einer Wiese stehen. Sie wird geholt. Darauf besteht Andrea Hedemann sehr energisch. Überhaupt ist der Umgangston liebevoll, aber klar, entschieden und schnörkellos. Sabrina (13) findet ihn völlig in
Ordnung: „Hier findet man viele gute Kumpels. Manchmal ist auch Streit. Aber man lernt, Probleme selber zu
regeln." So wird auch das Problem mit der Feuerstelle
geregelt – oder besser gesagt, nicht. Weil keiner sich
bereitfindet, die nassen Zweige gegen trockene auszu-
wechseln, gibt es heute halt keine gebackenen Kartoffeln. Nur Qualm.

Konflikte sind an der Tagesordnung, denn sie gehören
zum Leben. Nicht nur die kleinen Auseinandersetzun-
gen zwischen den Kindern, sondern auch die großen Fra-

gen des Lebens und Sterbens. Auf der Jugendfarm werden zum Beispiel niedliche Lämmer geboren und Kälber eine Zeit lang aufgezogen. Aber es werden auch Tiere krank. So kam es einmal vor, daß ein Lamm sehr leidend war. Große Kinder, die damit nicht überfordert waren, überlegten mit den Erwachsenen, was zu tun war.

Alle zusammen beschlossen, das Tier müsse geschlachtet werden. Eine Betreuerin hat den Kadaver später geöffnet – sie traut sich das – und den Kindern die kranken Organe gezeigt. Die Stammgäste der Jugendfarm erinnern sich auch noch an das Schwein Isolde. Das zunächst gutmütige Tier bekam im Alter eine schmerzhafte Arthrose. „Das hatte kaputte Knochen", sagt Sabrina. Die Schmerzen machten aus dem lieben Vieh ein gefährliches Wesen. Es mußte getötet werden – zum Schutz der Menschen und um es von seinen Leiden zu erlösen. Große Mädchen waren dabei, als es starb. „Vorher", sagt Sabrina, „haben wir uns noch von dem Schwein verabschiedet." Es gibt noch etliche weitere Beispiele. So wissen die Kinder, daß nicht alle neugeborenen Lämmer und Ziegen dauerhaft auf der Jugendfarm durchgefüttert werden können. Geld und Platz reichen nicht, um allzu viele Tiere artgerecht halten zu können. Also können überzählige nicht am Leben bleiben. Das wird heftig diskutiert, ist aber unausweichlich. Und wenn sie nach dem Schlachten das Fell eines Ziegenbockes behalten dürfen, merken Kinder, die Fleisch vorher vielleicht nur als abgepackte Stücke in der Kühltheke kannten: Tierische Häute und Felle sind kein ekliger „Abfall", sondern etwas Wertvolles, das gerade für die Menschen früher einmal sehr wichtig war.

Manchmal kann die Begegnung mit der Wirklichkeit der Natur also schmerzhaft sein. Pädagoge Rüdiger Günther erinnert sich an eine Menge solcher Situationen, die Großstadtkindern gemeinhin fremd, Menschen auf dem Land aber vertraut sind: Als er einmal mit den Kindern auf einer Wiese Gras für die Tiere gemäht hat, geriet ein Mäusenest in die Messer. Die Jungen und Mädchen begriffen schnell: Schwer verletzte kleine Mäuse heilen zu wollen, ist unsinnig. Sie schnell zu töten, ist gnädiger.

Gleich werden die Tiere gefüttert

Aber neben all den wichtigen Erfahrungen über den Kreislauf der Natur bietet die Jugendfarm den kleinen und größeren Besuchern einfach einen Platz, miteinander Spaß zu haben und sich wohlzufühlen. Wenn es zuhause Ärger gab, dann kann es sehr tröstlich sein, einfach einmal in einer Ecke zu sitzen und mit dem Meerschweinchen oder einem Frettchen zu schmusen, das weiche Fell zu genießen und zu träumen. „Denn die Jugendfarm", sagen die Betreuer, „ist ein Bereich, den die Kinder für sich haben sollen, ohne Eltern."

Die Jugendarbeit der Farm gliedert sich in verschiedene Bereiche:

Tagesgruppen

Gruppen (Schulklassen, Kindergärten, Geburtstagsgruppen vom Kindergartenalter an, usw.) besuchen nach Anmeldung (drei bis sechs Monate vor Termin) die Jugendfarm und schnuppern im Rahmen von einer bis vier Halbtagesveranstaltungen in das Farmgeschehen hinein. Sie können auch in Zelten auf der Farm übernachten. Weiterhin werden themenbezogene Kurse und Projekte durchgeführt, zum Beispiel „Rund ums Pony".

Das **Halbtags-Gruppenangebot** umfaßt vier Stunden, eine Pause eingeschlossen. Interessenten buchen am besten dienstags, 9 bis 13 Uhr, oder donnerstags, 10 bis 14 Uhr.

Zwei Kälber und ihre Freundinnen

Nach der Begrüßung der Kinder werden ihnen Fragen beantwortet wie „Was ist die Jugendfarm?", „Welche Tiere leben hier?". In kleinen Gruppen erkunden die Kinder die einzelnen Bereiche: Meerschweinchengehege, Schafweide, Hühner, Ziegenstall, Frettchenauslauf. Sie lernen hier einiges über die Haltung, Pflege und Eigenarten der Tiere.

Weiter geht es mit der Ponypflege in folgenden Schritten: Kennenlernen, Haltung, etwas über das Striegelzeug erfahren, putzen der Tiere unter Anleitung, Spaziergang mit den Ponies im Wald; dabei dürfen die Kinder abwechselnd aufsitzen. Die Jungen und Mädchen sollten sich mit Rucksäcken und Gummistiefeln ausrüsten.

Offener Bereich

Kinder und Teenies von sieben Jahren an können jeden Dienstag und Donnerstag, 14.30 bis 17.30 Uhr und jeden Samstag, 10 bis 17 Uhr, kostenlos den Farmalltag erleben und mitgestalten. Sie übernehmen Verantwortung in der Versorgung der Tiere. In den Ferien gibt es besondere Attraktionen, zum Beispiel relativ preiswerte mehrtägige Ausflüge mit Ponies und Rädern in die nähere Umgebung, etwa an die Bever-Talsperre. „Wir finden es gut, wenn die Kinder aus eigener Kraft ein Ziel erreichen", sagt Pädagoge Rüdiger Günther, Fachmann für ökologische Erziehung.

Ein lebendiges Museum
Der Manuelskotten in Cronenberg

Zahlreiche Industriedenkmäler wurden so erhalten, daß wir uns heute noch vorstellen können, wie die Menschen einst in ihnen gearbeitet haben. Und manchmal wird das Gerät auch extra für Besucher in Gang gesetzt. Der **Kaltenbachkotten,** nach dem früheren Besitzer Emanuel Morsbach im Volksmund auch **„Manuelskotten"** genannt, nimmt jedoch eine Sonderstellung ein. Denn er ist der einzige Schleifkotten auf Wuppertaler Boden, der heute noch mit einem **Wasserrad** betrieben werden kann und auch richtig benutzt wird. Pächter Dirk Fromm schleift in dem **Kotten** Messer für einen Remscheider fleischverarbeitenden Betrieb. Die scharfen Klingen werden unter anderem gebraucht, um aus Fleischbrocken Gehacktes herzustellen. Und gegen ein kleines Entgelt kann man hier auch seine Küchenmesser schärfen lassen.

Als Kotten wird übrigens ein kleiner Hof bezeichnet, dessen Besitzer Kötner oder Kötter hieß (siehe auch das ausführliche Kapitel zu diesem Thema „Von Kotten und fleißigen Zwergen"). Ein Kötner betrieb den Schleifkotten oft nebenher, weil er von der Landwirtschaft allein nicht mehr leben konnte.

Dirk Fromm schleift bis heute Messer im Kotten

Der Manuelskotten liegt mitten im Wald am **Kaltenbach,** der auf der Höhe von **Cronenberg** entspringt. Wir erreichen ihn mit der Buslinie 64. An der Haltestelle Wahlert steigen wir aus und folgen der schmalen Straße (Kaltenbacher Hammer – Kaltenbacher Kotten – Friedrichshammer) bergab. Wir können den Besuch des Manuelskottens aber auch mit einem besonderen Erlebnis verbinden: An jedem zweiten Wochenende zwischen April und Oktober verkehren durch das Kaltenbachtal **„Bergische Museumsbahnen".** Das sind historische Straßenbahnen, die von Liebhabern in Schuß gehalten werden – es gibt nicht nur Eisenbahnfans! Über eine Fahrt mit den Museums-Straßenbahnen freuen sich vor allem Erwachsene, die mit solchen Schätzchen als Kinder noch zur Schule oder ins Schwimmbad gefahren sind.

Der Manuelskotten ist in einem Fachwerkhaus untergebracht, das bei unserem Besuch restauriert wurde und deshalb von außen mit vielen Plastikplanen bedeckt war. Denn das Gebäude ist alt. Es wurde im Jahr 1755 errichtet. Um 1880 lagen allein am Kaltenbach sechs Wasserkraftanlagen: zwei Hammerwerke, drei **Schleifkotten** und eine Mühle. Die Menschen dieser an Bächen reichen Gegend bedienten sich etwa von der zweiten Hälfte des 16. Jahrhunderts an der **Wasserkraft,** um **Eisen** und später auch **Stahl** zu verarbeiten. Zuvor hatten sie das Eisen mit der Hand geschmiedet, und auch der Schleifstein wurde von den Handwerkern und ihren Gehilfen selbst gedreht.

Auf dem Gebiet von Wuppertal und Remscheid wurde schon früh **Eisenerz** gewonnen – zunächst im Tagebau, dann trieb man Stollen ins Gebirge. Verfallene Löcher solcher Bergwerke finden sich auch im Kaltenbachtal. Weil es ringsum viel Wald und damit Holz gab, konnte das Erz an Ort und Stelle sogar geschmolzen werden. Zurück blieben Schlackehaufen, die im Burgholz und im Gelpetal nachgewiesen wurden. Als die Nachfrage nach Eisen und Stahl immer weiter stieg, wurde Roheisen aus dem Sauerland, später aus dem Siegerland eingeführt und zu Stahl verfeinert. Darauf verstanden sich insbesondere die Remscheider.

In Solingen schmiedeten die Leute aus diesem Stahl vor allem Schwerter, in Cronenberg Sensen. Den letzten Schliff bekamen die Sensen am Schleifstein.

Bereits um 1860 wurden auf dem Gebiet der heutigen Städte Remscheid, Solingen und Wuppertal 169 wassergetriebene Hämmer und 206 Schleifkotten gezählt. Mit dem mächtigen Wasserrad des Manuelskottens hat es nun eine besondere Bewandnis. Denn es ist mit einem Durchmesser von 7,5 Metern das größte oberschlächtige Wasserrad Europas. „Oberschlächtig" bedeutet: Das Wasser des Kaltenbachs, der vor dem Kotten gestaut wird, fließt von oben auf das Rad, das sich im Uhrzeigersinn dreht. Ein „unterschlächtiges" Wasserrad taucht mit

Der Stauteich (links) speichert Wasser

seinem unteren Teil in den Bach und dreht sich in der entgegengesetzten Richtung. Das „unterschlächtige" Wasserrad ist aber darauf angewiesen, daß in Bach oder Fluß immer genug Wasser fließt. In heißen Sommern ist das nicht unbedingt der Fall. Ein Stauteich hält schon eher einen Wasservorrat bereit, so daß die Arbeit möglichst selten unterbrochen werden mußte. Doch wenn es so kalt war, daß der Teich zufror, drehte sich auch das Rad nicht mehr.

In solchen Fällen konnten die Männer – bis zu 28 arbeiteten hier – später auf eine zusätzlich eingebaute Dampfmaschine zurückgreifen, die bis 1934 einschließlich des Kessels im Kotten stand. Sie wurde dann durch einen Dieselmotor ersetzt, den Heinz Kämpf, Schwiegervater des Pächters, bei Führungen schon einmal anwirft.

Heinz Kämpf wirft den Dieselmotor an

Dieser Motor ist 1929 gebaut worden und hat 25 PS – ebenso viel Pferdestärken, wie das (umweltfreundlichere) Wasserrad aufbringt. Von dieser Maschine sind nur drei Exemplare hergestellt worden, und die im Manuelskotten ist die einzige, die erhalten blieb. „Hören Sie gut zu", pflegt Heinz Kämpf denn auch vergnügt und stolz zu sagen, während der Motor läuft, „dieses Geräusch werden Sie nie wieder hören". In den 50er Jahren wurde schließlich ein Elektromotor angeschafft. Aber auch Dirk Fromm, der hier noch große „Cuttermesser" für den fleischverarbeitenden Betrieb schleift, nutzt bis heute nicht nur den Elektromotor, sondern auch die Kraft des Wassers. Denn sie kostet nichts. Seine Tätigkeit nennt sich übrigens **„Naß-Knie-Schleifer".** Das heißt: Auf den Stein wird Wasser geleitet, das schont die Messer. Und das (natürlich gut geschützte) rechte Knie benutzt Dirk Fromm, um das Schleifgut gegen die mächtige Scheibe zu drücken. „Naß-Knie-Schleifer" ist keine Berufsbezeichnung, man kann diese Tätigkeit also nicht wie Bäcker oder Schreiner in einem Betrieb lernen und die Ausbildung mit einer Prüfung abschließen. Die Fertigkeiten kann man sich lediglich von den wenigen Leuten abgucken, die sie noch beherrschen. Dirk Fromm und sein Schwiegervater halten den Betrieb vor allem deshalb aufrecht, damit auch junge Leute einen Einblick in die Industriegeschichte des Bergischen Landes bekommen. Und sie freuen sich, wenn ihre Besucher sich in das Gästebuch eintragen. Einen weiten Weg bis zum Manuelskotten hatte ein Mann aus Neuseeland zurückgelegt. Es finden sich aber auch chinesische Schriftzeichen. Einen relativ kurzen Weg hatten prominente Gäste wie Johannes Rau, der frühere Ministerpräsident des Landes Nordrhein-Westfalen.

Auf dem Gelände des Kottens durften Jugendliche auch schon ihre Zelte aufschlagen. Und wenn die Jungen und Mädchen nachts eine Disko veranstalteten, haben sie niemanden gestört. Höchstens die Tiere im Wald.

Vom Manuelskotten aus können wir weiter bergab bis zur Kohlfurter Brücke laufen. Dort liegt der Betriebsbahnhof der Bergischen Museumsbahnen. Gegenüber lädt im Sommer auch ein Gartenrestaurant mit Spielplatz zum Ausruhen ein. Es hat den netten Namen „Strandcafé". Auf der anderen, der Solinger Seite der Kohlfurther Brücke, können Motorrad-Fans häufig beeindruckende Mengen heißer Öfen bestaunen, Maschinen von der BMW über die Honda, Kawazaki, Suzuki bis zur Yamaha. Denn da drüben treffen sich die „Chopper", was wörtlich übersetzt so viel wie „Hackmesser" oder „Hubschrauber" heißt und wahrscheinlich den Sound der Motorräder beschreibt, den die einen als Musik in ihren Ohren lieben, andere aber als Krach empfinden. Am ehesten begegnet man den Choppern vor dem „Café Hubraum" an jedem zweiten und vierten Mittwoch im Monat. Dann versammeln sie sich hier von 19 Uhr an.

Heiße Öfen mit vielen PS

Extras:

Die Bergischen Museumsbahnen

Die Strecke

Karten verkauft in der historischen Straßenbahn noch der Schaffner – wie vor 50 Jahren. Die Fahrt beginnt im Betriebsbahnhof Kohlfurter Brücke. Dort kreuzten sich früher die Fahrzeuge der Linie 5 (Wuppertal – Solingen). Gleich nach der letzten Weiche hinter der Wagenhalle beginnt die Steigung. Auf der rund drei Kilometer langen Strecke bis Cronenberg-

Möschenborn müssen die Triebwagen einen Höhenunterschied von 153 Metern bewältigen. Das entspricht einer Steigung von fünf Prozent.

Wir fahren durch das Kaltenbachtal. In einer großen Linkskurve liegt die erste Haltestelle Unterkohlfurt, früher auch „Schulkohlfurt" genannt. Die nächste Haltestelle ist der Petrikshammer. Hier kreuzt der Wanderweg „Rund um Wuppertal" das Gleis. Nach links führt ein Weg zum Manuelskotten. Weiter oben sind Fischzuchtteiche zu sehen. Über einen Deich – das einzig ebene Streckenstück – wechseln wir auf die andere Seite des Kaltenbachtales zur Haltestelle Friedrichshammer. Weiter geht es durch den Wald bergauf zur Haltestelle Kaltenbachtal. Von hier führen Wanderwege nach Cronenberg. Die Fahrt endet am **Naturfreundehaus** (siehe dort).

Die Geschichte der Bahnen

Die erste Straßenbahn im Bergischen Land wurde als Pferdebahn am 10. April 1874 zwischen Elberfeld und Barmen eröffnet. Um die Täler und Höhen erschließen zu können, mußten Schmalspurlinien (Weite ein Meter) angelegt werden. Die erste Meterspurbahn dampfte 1890 von Wermelskirchen nach Burg, die erste „Elektrische" fuhr am 9. Juli 1893 in Remscheid. 1970 stellte die letzte Straßenbahn auf Meterspur, 1987 die letzte Straßenbahn auf Normalspur in Wuppertal den Betrieb ein. Nur der Oberleitungsbus erinnert in Solingen heute noch an den elektrischen Personennahverkehr im Bergischen.

Heimatfreunde gründeten 1969 den Verein „Bergische Museumsbahnen". Die Museumssstrecke ist ein Teil der Verbindung zwischen Wuppertal und Solingen. Sie war 1914 von der Barmer Bergbahn gebaut worden und bis 1969 in Betrieb.

Das Gesamtprojekt Museumsbahn, das ausgebaut werden soll, ist als Technisches Denkmal anerkannt. 1992 ist der Betrieb der Museumsbahn eröffnet worden. Die Einnahmen aus den Fahrkarten werden verwandt, um das Projekt zu unterstützen, das ohne ehrenamtliche Arbeit nicht denkbar wäre. Informationen, Bilder und sogar Filme finden sich auch im Internet unter http://www.bergischesstaedtedreieck.de/bergische_museumsbahn – Wuppertal ist insgesamt vielversprechend im Internet vertreten.

Weiß wie Schnee

Auf den Spuren der Garnbleicherei

Für diese Zeitreise brauchen wie viel Phantasie. Denn wer heute von Vohwinkel nach Oberbarmen mit der Schwebebahn über die Wupper gondelt und dabei nach

Mit der Güte wurde Wasser auf das Zeug gesprengt

unten blickt, kann sich kaum noch vorstellen, daß die Uferflächen einst in der Sommersonne ganz weiß leuchteten. Denn dort haben die Elberfelder und Barmer einst Leinengarn gebleicht, das aus Flachs hergestellt wurde. Von diesem Anblick hat sich Heinrich Jung-Stilling (1740–1817), Elberfelder Dichter, Augenarzt und Freund Goethes, zu der Bemerkung hinreißen lassen, die Wiesen „mit leinen Garn wie beschneyt". Hinter dieser Idylle stand freilich harte Arbeit.

Schon im Mittelalter sind die Menschen in Barmen und Elberfeld diesem Gewerbe nachgegangen. Denn das Tal der Wupper bot dafür die besten Voraussetzungen. Es lag an dem Weg von Westfalen, wo das Garn hergestellt wurde, nach Köln, dem Hauptumschlagsplatz für diese begehrte weiße Ware. Vor allem aber ist Wuppertal ein Regenloch, und deshalb blieben die Wiesen auch im Sommer feucht. Das Wasser der Wupper und ihrer

Das Wasser der Wupper war kalkarm

Nebenbäche war außerdem kalkarm. Doch die Veredelung des Garnes blühte erst auf, nachdem die Garnhändler in Barmen und Elberfeld sich von dem Herzog von Berg im Jahre 1527 das alleinige Recht zur Bleiche kauften. Das war ein geschickter Schachzug. Außerdem mußten sich alle Garnhändler und Bleichereibesitzer dazu verpflichten, nur eine bestimmte Menge Garn zu bleichen – und dies mindestens sieben Wochen lang. Damit wurde verhindert, daß einzelne Kaufleute die Veredlung billiger betrieben und somit schnelles Geld mit schlechterer Ware machten. Wer zu dem Kreis der „Genossenschaft Garnnahrung" gehören wollte, mußte eine Gebühr zahlen und hoch und heilig versprechen, die Bestimmungen einzuhalten. „In späterer Zeit", heißt es in Schriften des Museums für Frühindustrialisierung weiter, „wurden sogar die Bleichknechte und Mägde vereidigt. Damit sie die Berufsgeheimnisse der Bleicherei nicht weitergeben konnten." Mitte des 18. Jahrhunderts gab es bereits 100 Bleichereien in Wuppertal, und die Händler lieferten bis nach Amerika. In die Kassen der Unternehmer floß viel Geld. Um zu sparen, verlagerten viele aber schließlich die Bleicherei nach Langerfeld, weil dort die Löhne niedriger waren. Langerfeld, heute ein Wuppertaler Stadtteil, gehörte damals zur preußischen Grafschaft Mark. Und auch hier waren die Wiesen grün und feucht.

Bleichwiesen
erstreckten sich im Tal

Zu den Orten der früheren Bleichen in Langerfeld gelangen wir mit dem Velo, indem wir vom Bahnhof Oberbarmen dem Radweg R5 entlang der Wupper Richtung Beyenburg folgen (ausgeschildert). Dabei fahren wir zunächst die Öhder Straße entlang. Da heißt sogar noch eine Gaststätte „Zum Garnbleicher". Hier finden wir die Bleicherhäuser Lüttringhaus (Öhder Straße 31), Das Bleicherhaus Kikuth (Öhder Straße 51), das Bleicherhaus Wandoff (Öhder Straße 67) und das Bleicherhaus Buchholt. (102a uns 102b). Ein Modell des Hauses Kikuth steht im Museum für Frühindustrialisierung. Es ist , 1712 erbaut worden und gut erhalten, zu besichtigen. Das Garn wurde – sonst nicht eben üblich – im Haus aufbewahrt. Der „Garnkasten", ein Raum, gemauert aus dicken Bruchsteinwänden, hat vergitterte Fenster, und die Tür von der Diele aus ist dick mit Eisen beschlagen. Damit schützte der Besitzer seinen Reichtum. Das vergitterte Fenster sieht man links an der Fassade. Im Haus hängt an der Decke noch die große Garnwaage.

Bleichwiesen erstreckten sich dort, wo das Textilwerk AKZO liegt. Das verweist uns darauf, daß mit dem Bleichen und dem Weben von Leinenbändern die Textilindustrie im Wuppertal ihren Anfang genommen hat, die zwischen 1850 und 1860 besonders florierte. Sie sorgte dafür, daß sich im Tal der Wupper der erste industriell geprägte Ballungsraum Europas entwickelte. Im heutigen Stadtgebiet Wuppertals lebten um 1850 etwa 110 000 Menschen, ebenso viel wie in München oder Breslau. Von allen deutschen Städten zählten nur Berlin und Hamburg damals mehr Einwohner.

Warum mußte das Garn gebleicht werden? Flachs enthält Stoffe, die der Faser eine braun-graue Farbe geben. Diese Farbstoffe zerstört das Bleichen, bis das Garn in reinem Weiß leuchtet. Außerdem werden dabei Verunreinigungen entfernt, die zum Beispiel beim Spinnen zurückgeblieben sind.

Das Bleichen zerstört Farbstoffe

Weitere Einzelheiten entnehmen wir wieder dem umfassenden Material des Museums für Frühindustrialisierung:

Zu einer Bleicherei gehörte eine Wiese für die Rasenbleiche. Diese Wiesen lagen nahe der Wupper oder an einem ihrer Nebenbäche und waren manchmal größer als ein Fußballfeld. Ein System von Wassergräben durchzog die Bleichwiesen. Die Gräben wurden durch einen Bach mit frischem Wasser gespeist. War kein natürlicher Bach vorhanden, errichtete man Schöpfräder an der Wupper, mit deren Hilfe das Wasser auf die Wiesen transportiert wurde. An einem der Gräben lag die Koch- oder Bleichhütte, die hatte im allgemeinen zwei Kochstellen. In dieser Hütte wurde das sortierte Garn als erstes in einem Kessel, Küpe genannt, 12 Stunden lang in einer Pottaschenlauge gekocht. Danach wurden die Garnstränge in der „Wäsche" gespült und ausgewrungen. Anschließend wurde das Garn in einer Holzwanne, der „Bütt", aufgeschichtet und vom Beucherknecht bis zu 18mal mit heißer Beuchlauge, der Buke, übergossen. Diese Lauge wurde aus Buchen-Holzasche hergestellt. Das nach Kochen und Beuchen „halbweiße" Garn wurde ausgewrungen und zur Rasenbleiche auf der Wiese ausgebreitet. Sauerstoff, der bei Sonneneinstrahlung auf die grüne Wiese entstand, bleichte die Farbstoffe der Faser weiter aus. Das konnte jedoch nur gelingen, wenn das Garn oder Tuch feucht und aufgequollen war. Deshalb mußten Bleicherknechte mit Schaufeln, den Güten, Wasser aus den Gräben auf das Zeug sprengen. Damit das Garn auf den feuchten Wiesen nicht zu faulen anfing, wurde es laufend gewendet. Drei bis zehn Tage blieb das Leinengarn zur Rasenbleiche auf den Wiesen, um anschließend wieder gebeucht zu werden. Dieser Vorgang des Beuchens und Bleichens wiederholte sich bis zu 12mal, je nachdem, wie dick das Garn war und welchen Grad der Weiße es annehmen sollte. Nach dem letzten Beuchen wurde das Garn in der Wäsche gründlich gespült und anschließend gebläut. Bläuen bedeutet: Es wurde durch Wasser, in dem blaue Farbe und eine bestimmte Seife aufgelöst waren, gezogen, damit das Weiß noch mehr strahlte. Dann hängte man das Garn zum Trocknen an Zäunen auf. Später wurde es verpackt oder in Wuppertal selbst weiterverarbeitet. Weil Sonne zum

Bleichen notwendig war, konnte das nur im Sommer geschehen, das Bleichen dauerte insgesamt drei Monate.

Das Sprengen auf der Bleiche war zwar harte Arbeit, muß aber für Menschen, die sich ihr Brot leichter verdienten, sehr hübsch ausgesehen haben. Ein Pastor Müller beschreibt in seinem Reisetagebuch 1774 das Bild: „Nichts sieht artiger aus, zumal wenn die Sonne gegenüber steht. Man glaubt lauter Fontänen zu sehen, denn die Bleicher haben eine besondere Geschicklichkeit, das Wasser hoch und weit zu werfen." Aber der Mann sah auch die Schattenseiten dieser Arbeit. So erwähnte er den „starken und übelriechenden Dampf" in der Bleichhütte.

Später konnten Garne chemisch gebleicht werden. Das begann schon in den 70er Jahren des 19. Jahrhunderts. Außerdem wurde das Wasser der Wupper immer schmutziger, weil Färbereien und Fabriken ihre Abwässer einleiteten. Ältere Menschen erinnern sich noch daran, daß der Fluß in allen erdenklichen Farben schimmerte. Die Wupper wurde zum „schwärzesten Fluß der Welt", wie Else Laske-Schüler ihn nannte. Noch vor 20 Jahren war er „biologisch tot".

Die Genossenschaft Garnnahrung verlor auch deshalb an Bedeutung, weil, wie schon erwähnt, außerhalb von Elberfeld und Barmen billiger gebleicht wurde. Aber auch die gesamte Textilindustrie veränderte sich. Aus den Garnhändlern, die das Garn durch Bleichen veredelten und verkauften, wurden Unternehmer, die einen Teil des Garnes selbst zu Zwirn und Leinenwand weiterverarbeiten ließen. Schließlich wurde statt Leinen immer mehr Baumwolle und Seide gewebt. Beides fiel nicht mehr unter die Sonderbestimmungen der Garnnahrung. 1808/1810 wurde die Garnnahrung aufgelöst.

Wir setzen die Radtour entlang der Beyenburger Straße fort bis Kemna. Von da an führt die Radwanderstrecke über den „Romantischen Waldweg", der zwar einige kleinere Steigungen aufweist, aber dafür abseits der stark befahrenen Beyenburger Straße geführt wird. Bis dahin haben wir 8 Kilometer zurückgelegt. Beyenburg gehört

Harte Arbeit, hübsch anzusehen

Romantisches Beyenburg

seit 1929 zu Wuppertal. Ein Kloster war die Keimzelle des Ortes, in dem viele typische schwarz verschieferte Bürgerhäuser zu bewundern sind. Von Beyenburg aus kann man entweder um den Stausee herum zurück in Richtung Oberbarmen fahren oder über den Radweg 5a Richtung Linde, um von da aus wieder nach Heckinghausen/Oberbarmen zu gelangen (Empfehlung des ADFC).

An der Berliner Straße liegt im übrigen links ein Spielplatz, der von engen Felswänden eingeschlossen ist. Sie gehören zu einem Korallenriff aus dem Erdzeitalter, aus jener Zeit, da Wuppertal von einem flachen Meer bedeckt war.

Extra:

Wer das Fahrrad zu Hause lassen möchte, kann sich zunächst bei einer Fahrt mit der **Schwebebahn** (Richtung Oberbarmen) einen Eindruck von Wuppertal, der einstigen Stadt der Bleichen, verschaffen und von hoch oben einen Blick auf viele Fabriken und in Wohnstuben werfen. Ein Zwischenstopp empfiehlt sich beim Museum für Frühindustrialisierung (Haltestelle Adlerbrücke). Von da aus fahren wir mit der Schwebebahn weiter bis zur Haltestelle Oberbarmen und nehmen dann den Bus 626 bis „Werk Oehde".

Auf dem Beyenburger Stausee kann man Kanu fahren (Auskunft unter Tel. 611145, sonntagvormittags). Interessant für Schülergruppen. Von hier aus kann man auch viele schöne Spaziergänge unternehmen.

Wie die Zeit vergeht
Das Abeler-Uhrenmuseum

Der Morgen beginnt in der Regel mit einem wenig begeisterten Blick auf den Wecker. Und von da an schauen wir ungezählte Male auf unsere Armbanduhr, bis wir zu Bett gehen. Mußten solche Uhren-Schmuckstücke früher, sorgsam gehütet und vererbt, lange halten, so sind Armbanduhren heute sehr erschwinglich. Und Fans sammeln die immer neu gestalteten modischen „Swatch"-Modelle. Die finden sich auch im 1958 eröffneten Wuppertaler Uhrenmuseum, aber sie bilden beileibe nicht den Mittelpunkt. In dem stehen wertvolle alte Uhren, von der Familie Abeler liebevoll gesammelt und wieder in Gang gebracht. Sie ticken und schlagen wie vor 200, 300, 400 oder noch mehr Jahren. Insgesamt 2000 Objekte sind dort zu finden. Sie stammen aus ganz unterschiedlichen Zeiten und Kulturen. So bekommt der Besucher einen sehr guten Überblick über die Geschichte der Zeitmessung. Der Bogen spannt sich von den Wasseruhren der alten Ägypter bis zu dem die Atomzeit anzeigenden Gerät. Und über manche eher komischen Exemplare dürfen Gäste schmunzeln.

Das Abeler-Haus in der Poststraße ist nicht zu übersehen. Es fällt schon durch seinen außen angebrachten Turm mit 28 Glocken auf, eine Weltzeituhr, eine Weltkarte und verschiedene Spieluhr-Figuren, etwa Männer, die schwere Karren schieben, und den Sensemann, der an die Vergänglichkeit des Lebens erinnert.

Der Rundgang im Inneren beginnt bei Nachbildungen uralter Zeitmeßgeräte, zum Beispiel einer Wasseruhr. Die erste Wasseruhr der Welt soll in Ägypten entwickelt worden sein. Sie funktionierte auch nachts – anders als die Sonnenuhr. Unterschieden werden zwei unterschiedliche Typen: Die „Auslauf-Wasseruhr" funktionierte so: Bei Sonnenaufgang wurde das Gefäß mit Wasser gefüllt. Durch eine kleine Öffnung am Boden floß das Wasser langsam heraus. Sank der Wasserspiegel, konnte man die Zeit an den Markierungen im Inneren des Gerätes ablesen. Bei der „Einlauf-Wasseruhr" tropfte das Wasser gleichmäßig in das Gefäß hinein. Eine solche Konstruktion ist im Uhrenmuseum zu bestaunen: Aus den Augen einer kleinen Amorfigur tränt das Wasser, sammelt sich in der Muschelschale und fließt von dort in ein zylindrisches Becken. Dieses füllt sich nach und nach; auf einem Schwimmer stehend steigt die Figur eines Fauns empor und zeigt mit dem von Amor gestohlenen Pfeil auf der Säule die Zeit an.

Eine Wasseruhr

Im 5. Jahrhundert v. Chr. gelangte die Sonnenuhr von den Ägyptern zu den Griechen. Der Schatten eines aufrecht stehenden Stabes fällt auf ein unterteiltes Zifferblatt und wandert mit der Zeit darüber hinweg. Die Sonnenuhr taugt für Länder mit viel Sonnenschein. Zu den ganz frühen Zeitmessern gehörte auch die Kerzenuhr. Die Kerze war in regelmäßigen Abständen mit den Stundenzahlen eins bis zwölf markiert. Man zündete den Docht an und ließ dem Wachs seinen Lauf.

Die Feueruhr
der Chinesen

Ein originelles Gerät haben die Chinesen erfunden, die Feueruhr. Sie wurde in Tempeln benutzt. Ein kokelndes Räucherstäbchen verbrannte in bestimmten Abständen dünne Seidenfäden, die mit Metallkügelchen verbunden waren: Die Kügelchen fielen in eine Schale und gaben durch den Ton die Zeit fürs Gebet an. Witzig ist auch die „Mittagskanone": Wenn es genau 12 Uhr war, bündelten sich die Sonnenstrahlen durch ein Brennglas auf das Zündloch einer kleinen Kanone, die sich dann pünktlich mit lautem Knall entlud.

Als es noch keine Uhrwerke gab, war die Sanduhr weit verbreitet. In Europa soll sie aber erst im 14. Jahrhundert aufgetaucht sein. Wann und wo sie erfunden wurde, sei nicht bekannt, schreibt Jürgen Abeler in seinem Buch „Das Wuppertaler Uhrenmuseum" (Walter de Gruyter, 1971).

Die Sanduhr – wie wir sie heute noch aus Küche und Sauna kennen – besteht in der Regel aus zwei Glasbirnen, durch deren engste Stelle in der Mitte feiner Sand, Marmorstaub, Zinn- oder Bleipulver eine Stunde (oder, bei der Eieruhr, fünf Minuten) lang rinnen. Die Sanduhr wurde auch auf Schiffen gebraucht. Sie maß jeweils eine halbe Stunde. Dann mußte sie wieder umgedreht werden. Eine Wache auf See dauerte acht „Glasen" (vier Stunden). Da die Sanduhren sehr zerbrechlich waren, soll zum Beispiel Columbus mit mehr als 100 auf die Westindienreise gegangen sein. Als er zurückkam, heißt es, habe er nur noch eine gehabt. Und die sei kaputt gewesen.

Die Geschichte der modernen Uhr begann im Dom zu Pisa (Italien). Dort lauschte der junge Galileo Galilei (1564–1642), später einer der größten Wissenschaftler aller Zeiten, der Predigt und beobachtete dabei eine Lampe, die an einer langen Kette von der Decke herab hing und langsam schwang. Als scharfem Beobachter fiel dem jungen Mann auf, daß sich zwar die Weite der Schwingung allmählich verkleinerte, die Dauer aber gleich blieb. Er fand heraus, daß die Schwingungsdauer von der Länge des Pendels abhängt. So braucht ein Pendel von einem Meter Länge für eine Schwingung eine Sekunde. Später unternahm Galileo Galilei viele Versuche mit Pendeln. Der Holländer Christian Huygens (1629–1695) benutzte Pendel für „Räderuhren". Die ersten mechanischen Uhren wurden mit schweren Gewichten angetrieben. Das Gewicht bewegte sich abwärts, dadurch wurden von der Walze eine Schnur abgewickelt und ein Zeiger bewegt, der mit der Walze durch Räder verbunden war. Diese Räderuhren hatten nur einen Zeiger. Um Minuten anzugeben, waren sie nicht genau genug. An die Stelle der Gewichte traten später Aufzugfedern. Wenn man die Spiralfeder aufzieht, wird so viel Energie gespeichert, daß das Uhrwerk eine Weile angetrieben werden kann, indem die Feder sich langsam entspannt.

Bis vor etwa 150 Jahren brauchten die Menschen keine ganz genaue Zeitmessung. Sie richteten sich nach der (nicht überall ganz genauen) Kirchturmuhr. Das änderte sich, als die Leute mit der Eisenbahn reisen konnten. Fahrpläne machten einheitliche Zeiten notwendig, die über den Telegraphen an alle Bahnhöfe an der Strecke durchgegeben werden konnten. Heute kommt es erst recht auf die Minute an – etwa, wenn der Bus um 8.19 Uhr abfährt. Auch für die Industrie sind genaue Zeitabläufe notwendig. Inzwischen haben wir Uhren, die über Batterie mit elektrischem Strom arbeiten. Wenn durch ein Quarzkristall ein elektrischer Strom hindurchgeht, entstehen gleichmäßige Schwingungen. Sie können dazu benutzt werden, die Zeit in Ziffern (Digitaluhr) oder mit Zeigern auf einem normalen Zifferblatt anzuzeigen. Quarzuhren sind so genau, daß sie nur ein paar Sekunden im Jahr vor- oder nachgehen. Noch genauer sind Atomuhren: Sie leisten sich nur einen Fehler von etwa einer Sekunde in 30 000 Jahren.

Die Eisenbahn zwang zur Pünktlichkeit

Im Uhrenmuseum gibt es eine Fülle von zum Teil kostbar geschmückten Stücken, darunter auch zahlreiche tragbare Uhren. Schön gruselig ist die silberne Totenkopfuhr

– so etwas war eine Weile sehr in Mode: Sie ist über sieben Kettenglieder (die Wochentage?) mit einer kleinen hübschen Sanduhr (Laufzeit 14 Sekunden) verbunden. Um die Zeit ablesen zu können, muß man den Unterkiefer des Totenkopfes herunterklappen. Manche Uhren haben eine bewegte Geschichte: So hatte der englische Meister James Cox die prächtige „Automaten-Prunkuhr" 1780/1790 geschaffen. Sie gelangte als Geschenk des englischen Königs an den chinesischen Kaiserhof. Dort blieb sie bis Ende des 18. Jahrhunderts, kam aber dann auf unbekannten Wegen wieder nach Europa und konnte vom Uhrenmuseum ersteigert werden. Das vergoldete Bronzegehäuse hat drei Teile. Vier Elefanten auf einem samtbezogenen Sockel tragen das unterste. Zum Glockenspiel bewegen sich Menschen und Tiere an einer englischen Landschaft vorbei. Gleichzeitig drehen sich zwei Schmuckbäumchen neben dem mittleren Teil – und eine Ananas, die ganz oben auf der Uhr sitzt. Das Mittelteil ruht auf vier ruhenden Löwen und enthält das Uhrwerk.

Uhren legten weite Reisen zurück

Welche weiten Reisen die Uhren des Museums hinter sich haben, beschreibt Jürgen Abeler in „Die Odyssee einer Bergischen Uhr – von ihr selbst erzählt". Sie wurde 1767 von dem Uhrmacher Wilhelm Winkel in Elberfeld als Hochzeitsgeschenk gefertigt, ging auf die Tochter des Paares über, wurde an deren Sohn vererbt, verkauft, landete in Zürich, dann in Kanada, später in London und Heidelberg, bis das Ehepaar Abeler sie ersteigerte. „Und das bedeutete nichts anderes, als daß ich 214 Jahre nach meiner Herstellung wieder in meine Heimatstadt zurückkehren sollte." (Nachzulesen in: „Wo wir uns finden – Bergisches Lesebuch", Hrsg. Jochen Arlt/Doro Dietsch, rem-Verlag).

Abeler berichtet auch davon, daß es im Bergischen zahlreiche ausgezeichnete Uhrmacher gab. Sie waren in Velbert, Schwelm, Gummersbach, bis nach Seelscheid, Waldbröl und Wiehl zuhause. Dieses Handwerk litt dann aber darunter, daß im Schwarzwald billige Uhren hergestellt wurden. Abeler: „Kostete eine ordentliche Bergische Bodenstanduhr um 1830 etwa 20 bis 35 Taler, so konnte man die Schwarzwälder Uhr schon für drei bis fünf Taler kaufen. Als die Konkurrenz der Schwarzwälder Uhren immer fühlbarer wurde, hat dann einer nach dem anderen einfach aufgegeben und sich einem anderen Broterwerb zugewandt. Sie waren ja auch nicht wie die Schwarzwälder in ihrer bittersten Not dazu gezwungen, dem schlechtgehenden Handwerk treu zu bleiben, betrieben sie doch vielfach die Uhrmacherei nur nebenher, in erster Linie waren sie Landwirte. Jahrzehntelang hatte man die Uhren nach altväterlicher Sitte in der gleichen Konstruktion gebaut. Nun war man nicht mehr in der Lage, umzudenken. Man war auch nicht bereit, eine billigere Uhrenproduktion auf Kosten schlechterer Qualität zu beginnen. Das ist einer der Gründe dafür, daß es schlechte Uhren aus dem Bergischen nie gegeben hat. Sie sind alle von gediegener, solider Ausführung und laufen heute vielfach noch genau."

Wer so viel Liebe zu seinem Handwerk hat, dürfte sich später sehr über die Massenproduktion billiger Uhren geärgert haben. Aber die hat natürlich auch Vorteile. Sie macht Uhren billig.

Was es sonst noch gibt in Wuppertal

Eine Fülle von Tips und Adressen enthält das jeweils aktuelle „Bürgerbuch", erhältlich über das Informationszentrum der Stadt.

Hier nur eine Auswahl an weiteren Erlebnis-Tips:

Floßfahren
Der Allgemeine Deutsche Fahrradclub verleiht von April bis September wuppertaugliche Flöße an Vereine und Schulen. Beim Bau dieser Flöße kann man natürlich ebenfalls helfen! Außerdem lädt der ADFC zu Radtreffs ein, bietet einen Frühjahrs-Fahrradcheck, Reparaturkurse und ein sehr interessantes Tourenprogramm für ganz unterschiedliche Fitneß an. Sehr empfehlenswert die Hotline im Internet: http://home.t-online.de/home/Norbert.Ritz/ADFC.htm

Floßfahren auf der Wupper

Fuhlrott-Museum
Von der Entdeckung des Neandertalers bis zu Aspekten modernen Umweltschutzes reicht die Spanne.

Floßfahren macht Spaß

Klettern am Staudamm
Top-Angebote hat der Stadtbetrieb Jugend und Freizeit, Neumarkt 10, Tel. 0202–5632638 zu machen. Da findet sich unter anderem unter dem Titel „Mut und Grenzen" ein viertägiges Happening mit Ausflug zur Kletterwand an der Ronsdorfer Talsperre.

Marionetten-Theater
Stücke für Kinder oder/und Erwachsene bietet das zauberhafte „Müllers Marionettentheater". Auf dem 1998er Programm zum Beispiel „Räuber Hotzenplotz", „Peter und der Wolf", „Der Froschkönig" und „Der gestiefelte Kater".

Abstecher ins Ennepetal

Abenteuer auf allen Vieren
Die Kluterthöhle

Wer einmal angefangen hat, unterirdische Gänge und Höhlen zu erkunden, kann dafür eine besondere Leidenschaft entwickeln. So ist es uns gegangen, nachdem wir die Grotten in Wiehl und Engelskirchen besucht hatten. Wir erfuhren, daß es noch eine weitere Höhle gibt, die zwar nicht mehr im Bergischen Land liegt, aber einen besonderen Reiz hat und deshalb beschrieben werden soll: die Kluterthöhle in Ennepetal. Die können wir, einzigartig in Deutschland, eineinhalb Stunden lang auf allen Vieren mit Taschenlampen durch den Lehm robbend, so entdecken, wie es richtige Höhlenforscher oft tun. Natürlich wird man bei diesen „Abenteuerführungen" schmutzig. Aber es soll Kinder geben, denen das überhaupt nichts ausmacht. Auch Erwachsene sind eingeladen, sich durch enge Gänge zu zwängen – vorausgesetzt, sie leiden nicht unter hemmendem Übergewicht.

Nichts für dicke Erwachsene

Die Kluterthöhle hat, ebenso wie die Aggertalhöhle, keine Tropfsteine aufzuweisen, dafür aber ist sie die mit dem längsten – erhobenen Hauptes zu meisternden – Führungsweg Deutschlands. Er mißt etwa einen Kilometer. Und auf dieser Strecke, einer anderen als der „Kriechspur", erstreckt sich ein Korallenriff, das 360 Millionen Jahre alt ist. Außerdem sehen wir einige sehr schöne Seen mit kristallklarem Wasser. Übrigens hat die Kluterthöhle noch eine besondere Attraktion zu bieten. In unterirdischen Behandlungsräumen können Menschen mit Atemwegserkrankungen wie Asthma, Pseudokrupp, Keuchhusten oder auch Allergien unter ärztlicher Anleitung kuren. Es gibt dort sogar eine richtige Kinderstube mit Spielzeug.

Zu der Kluterthöhle gibt es eine hübsche Geschichte: In ihr verbargen sich die Menschen schon während des Dreißigjährigen Krieges vor den Franzosen. Der Eingang wurde jedoch durch ein Fachwerkhaus verborgen. Und in dem, meinten die Feinde, hätten sich die Leute aus dem Ennepetal versteckt. Sie brannten das Haus ab. Erst dann entdeckten sie den schmalen Eingangsspalt. Das hat die Soldaten so geärgert und beeindruckt, daß die Kluterthöhle 100 Jahre später in französische Militärkarten eingezeichnet war.

Um diese Grotte rankt sich auch eine Sage: Ein Wanderer war einmal unterwegs vom Tal der Wupper nach Limburg, heute Hohenlimburg. Dabei mußte er das finstere Ennepetal passieren. Da kam ein Zwerg daher. Der bot dem Wanderer eine Abkürzung durch die

Höhle an. Um nicht vom Weg abzukommen, solle der Fremde einem Fuchs folgen und dessen Schwanz festhalten. Alles ging gut, doch vor dem Ausgang der Höhle schnarchte ein Riese. Der wachte auf, als er Menschenfleisch roch, kam jedoch an den Wanderer in der für ihn zu kleinen Höhle aber nicht heran. Vor lauter Wut warf er ein paar mächtige Felsbrocken durch die Gegend, die heute noch da liegen. Der Höllenlärm erschreckte das Menschlein so sehr, daß es den Schwanz losließ. Der Fuchs schoß davon, der Riese folgte ihm, und der Wanderer konnte unbehelligt nach Limburg spazieren.

Ständig werden neue Höhlen entdeckt

Stefan Voigt vom Vorstand des Arbeitskreises Kluterthöhle, der die unterirdischen Räume im Bergischen Land und im Westsauerland wissenschaftlich erforscht, weist im übrigen darauf hin, daß ständig neue Höhlen entdeckt werden, die allerdings für normale Sterbliche nicht zugänglich sind. Auf zwei Drittel aller heute bekannten Höhlen, „riesige Systeme", sei man erst seit 1980 gestoßen, meist ganz zufällig – so in jüngster Zeit auf die Gummersbacher Rosperhöhle. Für Voigt ist das Erforschen von Höhlen das letzte große Abenteuer. Denn was sich unter der Erde verbirgt, kann nicht mit technischen Mitteln, etwa Ultraschall, sichtbar gemacht werden. Da müssen sich schon Menschen selbst auf den Weg in die Unterwelt machen.

Voigt hat selbst schon etliche Höhlen entdeckt, eine davon in Kambodscha. Dorthin war er vom Auswärtigen Amt geschickt worden. Da hat er sogar eine große Grotte gefunden, in der sich ein längst vergessener Tempel aus dem 11. Jahrhundert verbarg. „Und der war von Tropfsteinen ganz überzuckert."

Unterirdische Tempel sind in unseren Breiten eher selten. Aber mit etwas Phantasie können wir manche Felsformation ohne weiteres für einen geheimnisumwitterten Kultplatz halten.

2. Erlebnis Solingen

Wer erobert die Burg?

Rund um Schloß Burg

Burgen faszinieren auch im Zeitalter von Computerspielen und Video-Clips. Alte Gemäuer beflügeln auf einem Familienausflug die Phantasie von Groß und Klein. Und auf Schloß Burg darf sie besonders üppig blühen.

Andererseits wollen gerade auch Kinder wissen, ob denn alles stimmt, was von früher erzählt wird. Deshalb gibt es vor unserer Gedankenreise ins Mittelalter einige verbürgte Fakten.

Nur wenig von dem, was der Geist der Jahrhunderte hier auszuatmen scheint, ist wirklich alt. Jedenfalls nicht sooo

Schloß Burg
Der einstige Stammsitz der Grafen von Berg wurde das Wahrzeichen des Bergischen Landes. Heute ist es Museum und Schauplatz beliebter Feste und Märkte

alt. Außer einigen Grundmauerresten stammt kaum etwas aus der Ritterzeit. Schloß Burg, wie es sich heute präsentiert, ist eine Rekonstruktion, gerade mal gut hundert Jahre alt. Und dennoch wird hier keinesfalls die Kulisse eines bergischen Hollywoods vorgelogen. Der einstige Sitz der Grafen von Berg stand wirklich hier und dürfte in seiner Blütezeit tatsächlich so ausgesehen haben.

Etwas Geschichte vorweg

Um das Jahr 1133 verabschiedeten sich die Grafen von Berg von ihrer alten Burg im Tal der Dhünn (heute Altenberg, siehe Kapitel „Erlebnis Odenthal") und bauten auf einem Bergsporn oberhalb der Wupper einen neuen Sitz, modern und nach verteidigungsstrategisch verbesserten Gesichtspunkten. Im Rittersaal zeigt das erste Wandgemälde rechts eine Szene aus jener Bauphase. Die wurde von Graf Adolf I. von Berg eingeläutet. Als wehrhafter Ritter steht er als Bronzefigur am Treppenaufstieg im Innenhof.

Standbild
Graf Engelbert II.
im Schloßhof

Unter dem berühmtesten seiner Nachfolger, Graf Engelbert II. von Berg (dessen goldenes Reiterstandbild im äußeren Burghof ist übrigens Hintergrund unzähliger Klassen- und Gruppenfotos), erreichte die Anlage als weiträumige Hofburg fast schon die heutigen Ausmaße. Das war um 1220, also kurz bevor der Grundstein für den Kölner Dom gelegt wurde (1248). Als Erzbischof von Köln, der Engelbert zugleich war, wurde er nach seiner Ermordung, 1225, noch im alten Kölner Dom beigesetzt.

Damit sind auch schon die Höhepunkte in der Geschichte von Schloß Burg beschrieben. Denn gut ein Jahrhundert später verlegten die Grafen von Berg ihre Residenz an den Rhein und bauten dort, an der Mündung des Flüßchens Düssel, ihr neues Schloß (siehe in dieser Buchreihe „Erlebnis Düsseldorf").

Vom Grafensitz zur Ruine

Die Burg an der Wupper war nun nicht mehr wehrhafter Herrschaftssitz, sondern diente bei Festen und vornehmen Jagdgesellschaften der Repräsentation. Die Burg wurde zum Schloß. Daher stammt der ungewöhnliche Doppelname: Schloß Burg. Doch für ein höfisches Leben wurden die überwiegend dunklen und kalten Gemächer – Fenster gab es kaum – immer unattraktiver. Und mit fortschreitender Waffentechnik hatten Burgen als Wehranlagen ohnehin ausgedient. Schloß Burg verfiel. Was Wind und Wetter nicht schafften, besorgten die Menschen. Nach dem 30jährigen Krieg wurde die Burg eingerissen. Noch im vorigen Jahrhundert bediente man sich der Ruine als Materiallager, man brach Steine und Balken für neue Bauten heraus.

Nur noch nackte Teile der Außenmauern standen, als 1887 Bürger des Bergischen Landes beschlossen, das Schloß im ursprünglichen Stil – d. h., was man damals darüber wußte – wiederaufzubauen. Bis heute ist dieser „Schloßbauverein" die treibende Kraft für Ausbau und Erhalt des Bergischen Wahrzeichens.

Im vorigen Jahrhundert nur noch Ruine: die Außenmauern des Rittersaals

Soviel nüchterne Information mußte sein. Doch muß sich keiner davon abhalten lassen. Im Gegenteil, der Burgenbesuch wird an Glaubhaftigkeit gewinnen, und die Phantasie wird bei großen wie kleinen Kindern die Jahrhundertschritte bald verwischen. Hauptsache, es ist „von früher". Und da bleibt diese größte wiederhergestellte Burg Westdeutschlands eine Fundgrube für Spielideen zur Geschichte. Ab jetzt darf ausgeschmückt und je nach Alter auch schon mal dick aufgetragen werden.

Nehmen wir uns die Burg häppchenweise vor. Lieber kommen wir mehrmals, als daß wegen Überfrachtung die Erwachsenen müde und die Kinder quengelig werden.

Unser Tip

Der Besuch auf der Burg ist verschenkt, wenn man Kinder dort alleine herumlaufen läßt. Als Kirmesplatz eignet sich Schloß Burg nicht. Später, beim Picknick im Wald, können sie sich als „Ritter" austoben. Doch auf dem Burggelände brauchen sie eine Begleitung. Bei Schulklassen hat sich ein vorher erarbeiteter Frage- oder Ralleybogen mit bestimmten Suchaufgaben bewährt.

Für die Freizeit wollen wir Familien und Kleingruppen eine „erzählende Burgbesichtigung" vorschlagen.

Zunächst nähern wir uns Schloß Burg als wehrhafter Befestigungsanlage.

Wir erstürmen die Burg

Stellen wir uns vor, wir wären Feinde, die die Burg einnehmen wollen. Klar, daß wir ein schweres Spiel haben, wenn wir von unten, aus dem Tal von Wupper und Eschbach kommen. Der heutige Fußweg ist zwar steil und bringt Großstadtmenschen ins Schwitzen. Doch er wird zum lockeren Spaziergang, wenn wir uns vorstellen, wir müßten hier mit schwerem Troß herauf: Pferde, Wagen, Waffen, Rammblöcke, Munition und Verpflegung. Es gab keine geteerte Straße, wie sie heute so problemlos nach oben führt. Natürlich luden unten an der Talstation auch keine Cafés zur vorherigen Stärkung ein. Wohl standen Häuser unterhalb der Burg, im Ortsteil Unterburg. Deren Bewohner waren im Verteidigungsfalle in die Burg geflüchtet und halfen, sie zu verteidigen. Denn zur Aufgabe eines Landesherren gehörte nicht nur das Befehligen seiner Untertanen. Er gewährte ihnen auch Schutz. Eine Burg mußte so groß sein, daß sie auch die umliegende Bevölkerung aufnehmen und verpflegen konnte.

Nach gut 20 Minuten werden wir den Berg bestiegen haben (Kinderwagen oder Rollstühle schieben ist anstrengend, aber es geht. Wir haben es ausprobiert.) Mancher wird erst einmal verschnaufen wollen, ehe er neue Eroberungsgelüste verspürt.

Ist da ein Witzbold, der meint, die Feinde hätten sich mit einer Seilbahnfahrt leichter getan? Er hat nicht Unrecht – allerdings nur für den Anfang der Strecke. Denn leicht können wir uns ausmalen, wie oben der Empfang ausgesehen hätte. Wer über den Steilhang einen Burgberg erobern wollte, war für die Steine und Pfeile der Verteidiger eine leicht auszumachende Zielscheibe.

Wem der Anstieg zu Fuß zu beschwerlich ist, kann den Burgberg bequem mit der Seilbahn erobern

Die stärkste Mauer an schwächster Stelle

Am Haupteingang zur Burg angekommen, werden ganz Schlaue vielleicht meinen, daß man sich den steilen Weg von unten hätte sparen können. Wie wäre es denn, der Feind wäre von oben, über die Autobahn aus Richtung Wermelskirchen, gekommen und stürmte nun mit Wucht die Straße hinunter, die geradezu auf das Tor führt? Stimmt! Genau das mußten die Verteidiger fürchten. Hier am Haupttor war die Burg von ebener Straße aus zugänglich. Hier war sie am ehesten verwundbar. Die Burg liegt nämlich nicht auf der Spitze eines Bergs, auf einem Kegel, wie es von unten scheint, sondern auf einem sogenannten Sporn. Nur nach drei Seiten geht es steil ab.

Genau deswegen wurden die Verteidigungsanlagen zur Straße hin am deutlichsten verstärkt. Schauen wir uns die mächtige Außenmauer an! Wie ein Schutzschild liegt sie vor der Burg. Deshalb heißt sie Schildmauer. Die dicke, hohe Schildmauer gilt als unzerstörbar.

Uns Eindringlingen bleibt also nur der „ordnungsgemäße" Eingang durch das Tor. Doch so freundlich wie es heute die Touristen einlädt, stand es im Verteidigungsfall nicht offen. Wir schauen nach oben und ahnen beim Anblick der spitzen Fallgitterstäbe, was uns im Ernstfall geblüht hätte. Von solchen Toren warten noch mehrere auf uns. Zählen wir einmal, wie viele Tore überwunden werden mußten, ehe man im Innenhof der Burg stand.

Von Fallgittern, Pechnasen und allerlei Grausigem

Wenige Schritte nach dem Eingangstor folgt ein weiteres Fallgitter. Wenn das heruntersauste, saß der Feind in einer Falle, er war eingesperrt wie ein Hund im Zwinger (daher „Zwingertor"). Heute ist da nichts zu fürchten. Die Torschänke lädt ein, und die Fachwerkbauten sehen so romantisch aus, daß sie zu den meist fotografierten und gemalten Winkeln im Bergischen Land zählen. Alles andere als romantisch war aber das, was einst den Feind hier empfing. Über dem Tor droht ein kleiner Vorbau mit einer Öffnung Unheil an. Siedendes Öl oder glühend hei-

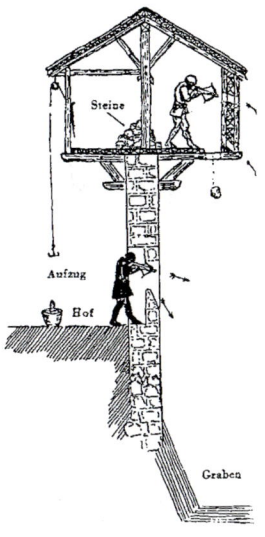

Viele Verteidigungsmöglichkeiten boten die Wehrgänge mit ihren Schießscharten

ßes Pech wurde auf die Eindringlinge geschüttet. Daher heißt solch ein Vorbau „Pechnase".

Immer noch eroberungslustig? Gut, dann stürmen wir weiter. Immerhin sehen wir rechts schon mal die Außenfassade des großen Rittersaals. Doch bis zum Innenhof ist es noch doppelt so weit. Ein weiteres Tor, das Mitteltor, hält uns auf. Es ist in die Mauer eingelassen, die das Hauptgebäude rechts mit einem wuchtigen, runden Turm links verbindet. An den Fensternischen dieses gedrungenen Rundturms erkennen wir die ungeheure Dicke seiner Mauern. Diese mußten besonders stark sein, denn dort lagerten die schweren Geschütze, die Kanonen der Burg. Waffen für den Verteidigungsfall waren dort, im Batterieturm, gespeichert. Die kleinen Akkus, in denen wir heute Strom speichern, haben von diesen Vorratskammern übrigens ihren Namen erhalten.

Der Bergfried als letzter Zufluchtsort

Graf Adolf I., der Erbauer der Burg

Bis vor das Hauptgebäude sind wir nun vorgedrungen. Rechts sehen wir die einzige verglaste Fensterfront einer Burg. Hinter ihr liegt der Palas, der Rittersaal. Links oben erwarten uns schmale, unverglaste Maueröffnungen: Schießscharten, aus denen Geschosse drohen, wenn wir es wagen sollten, das mächtige Einlaßtor vor uns zu knacken. Heute steht es allerdings gefahrlos offen. Ein Eintrittsgeld genügt, und wir dürfen es passieren. Insgesamt vier Tore galt es also zu überwinden.

Endlich sind wir im Inneren der Burg. Doch eingenommen haben wir sie noch lange nicht. Von den Wehrgängen rundumher empfangen Pfeile und Steine die ungebetenen Gäste.

Mit etwas Glück könnte man trotz des Munitionshagels rechts über die Treppe ins Burggebäude vorstoßen. Doch den Burgherrn werden wir dort nicht gefangen nehmen können. Der haust nämlich mit seinen Verteidigern und Schutzbefohlenen, mit Vorräten und Waffen im höchsten Turm der Burg, dem Bergfried. Und der steht mitten auf dem Burgplatz, nur durch eine Holzbrücke in luftiger Höhe mit dem Wehrgang verbunden.

Natürlich wurde diese Brücke – früher war sie aus Holz – im Ernstfall hochgezogen. Wo aber ist unten eine Türe, die man einrammen konnte, um in die oberen Geschosse des Bergfrieds vorzudringen?

Ist es die gegenüber der Andenkenbude? Nein, die wurde erst in unseren Tagen für die Touristen hineingebrochen, damit sie das Verlies im Erdgeschoß besichtigen können. Ein Blick dort zeigt uns, daß drinnen tatsächlich keine Treppe in die Höhe führt. Wie aber kamen die Burgbewohner selber in den Bergfried? Nun, hier unten werden wir vergeblich den Eingang suchen. Erst viele Meter über dem Erdboden entdecken wir eine Einlaßtüre. Was zunächst wie ein Schildbürgerstreich aussieht, machte durchaus Sinn.

Kein Schildbürgerstreich: beim Bergfried liegt die Eingangstür in der 1. Etage

Aushungern und Belagern

Die Burgverteidiger bestiegen den Turm über eine Leiter. Der Letzte zog dann die Leiter ein und der Feind konnte unten vor Wut gegen die Wände treten, doch weiter kam er nicht. Eine todsichere Sache also, so ein Bergfried? Jawohl, in jeder Hinsicht. Entweder zog der Feind nun enttäuscht ab, oder er brachte wirklich den Tod. Denn zwei ganz grausame Methoden blieben ihm noch: er konnte um den Bergfried herum Feuer legen und seine Insassen ausräuchern, oder er konnte sie einfach aushungern. Irgendwann gingen auch die üppigsten Vorräte zu Ende. Vor allem Wasser wurde knapp. Denn wie wir auf Schloß Burg sehen, steht der Brunnen außerhalb des Bergfrieds im Innenhof.

Schließen wir unsere kriegerische und grausame Burgeroberung ab mit einer versöhnlichen Geschichte, wie sie auf vielen Burgen gern erzählt wird. Ob sie sich einst auch auf Schloß Burg so zutrug? Zumindest in unserer Phantasie dürfen wir es mal glauben.

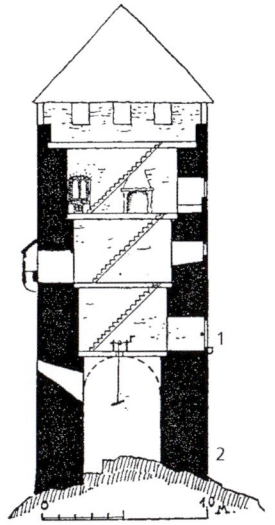

1 Eingang (mit Hilfe einer Leiter)
2 Kerker

Sage

Wie ein pfiffiger Küchenjunge die Burg rettete

Einstmals wurde Schloß Burg belagert. Der Feind war bis zum Bergfried vorgedrungen und setzte nun alles daran, die Verteidiger auszuhungern. Es galt, Tage und Wochen abzuwarten.

Die Vorräte schwanden. Hunger und Durst forderten erste Opfer. Brot gab es schon lange nicht mehr und auch alles Getier war bereits geschlachtet. Bis auf einen Hahn. Den brauchte man zum morgendlichen Wecken.

Der Koch soll endlich das Messer auf ihn ansetzen und ihn braten, forderten die hungernden Soldaten. Als man dem Hahn nun an die Kehle wollte, riß der Küchenjunge dem Koch das Messer aus der Hand. „Nein, nein, nicht den Hahn schlachten", schrie er aufgeregt und handelte sich für diese Dreistigkeit eine Ohrfeige ein. Eine zweite bekam er vom Koch gleich hinterher, als er nun auch noch einen unmöglichen Vorschlag machte. Die Wachen sollten den Hahn über die Turmzinnen werfen und fliegen lassen. Ehe noch jemand sich über diese Verrücktheit empören konnte, ergriff der Junge selbst den Hahn und warf ihn hoch in die Luft. Der nutzte natürlich seine Freiheit und flatterte den Bergfried hinunter.

Die Feinde trauten ihren Augen nicht. Auch ihnen war das Belagern inzwischen beschwerlich geworden, sie hatten schließlich entbehrungsreiche Wochen hinter sich. Sie hofften jeden Tag darauf, daß der Hunger die Belagerten zur Aufgabe zwingen würde. Doch nun? Da ließen die gar noch einen Hahn fliegen? „Eher schlagen wir hier Wurzeln und verhungern selber, als daß die auf der Burg an Hunger sterben!" schimpfte der Hauptmann der Feinde. „Die scheinen es noch so üppig zu haben, daß sie nicht mal ihr Geflügel im Käfig halten." Entmutigt gab er das Zeichen zum Aufbruch und zog seine Belagerungstruppen ab.

Der Küchenjunge aber wurde von den Erlösten als Held gefeiert. Fortan setzte es auf dieser Burg nicht mehr gleich Ohrfeigen, wenn ein Untergebener einen Vorschlag machte, der auf den ersten Blick höchst unvernünftig klang.

Kinderverlobung und Donnerbalken

Kurioses im alten Grafenschloß

Seien wir bescheiden: wer beim Gang durch das Burginnere alles sehen will und durch die Räume hetzt, wird letztlich nichts sehen. Zu üppig ist Schloß Burg inzwischen ausgestattet und zu vielseitig sind die Themen, als daß alles bei einem Besuch mit Kindern erfaßt werden könnte. Hier stellt sich schließlich nicht nur die Burg selber dar, hier ist auch das Bergische Museum untergebracht. Und das präsentiert viele Schauobjekte, die nichts mit dem Burgenleben, sehr wohl aber mit dem Bergischen Land und seinen Bewohnern zu tun haben. Da wird die Vor- und Frühgeschichte des Landes erklärt, Münzen, Waffen, Musikinstrumente, Möbel und Spielzeug der verschiedensten Epochen sind ausgestellt. Eine komplette Wohnstube, Schlafgemach, Küche und Musikzimmer sind eingerichtet. Wunderschöne originale Apothekenausstattungen wurden vor einem Schicksal auf dem Sperrmüll oder Trödelmarkt bewahrt, weil man sie hier ins Museum holte, restaurierte und pflegt.

Verwinkelte Wehrgänge machen den Rundgang zum Erlebnis

Doch wie gesagt: ein wiederholter Besuch ist lohnend. Nur nicht beim ersten Male sich verzetteln, besonders nicht, wenn die Kleinen schon den strammen Aufstieg über den Burgberg hinter sich haben. Dann ist eine Stunde im Innenbereich genug.

Es reicht, wenn wir uns zunächst auf Schloß Burg als mittelalterliche Befestigung begrenzen, bestimmte Aussichtspunkte ansteuern und uns im Museumsbereich auf das konzentrieren, was direkt mit der Burg zu tun hat. Beispielsweise gibt es anschauliche Modelle sowohl von der Gesamtanlage als auch von der mittelalterlichen Bauphase – so ganz ohne Maschinen. Auch Waffen (Lanzen, Speere, Armbrüste), die nachgestellte Schlachtszene von Worringen (1288), Kleidung und soziale Statussymbole passen da gut hinein. Zu bestimmten Vitrinen lockt der Museumsdirektor die Kinder mit netten Suchspielen.

Ansonsten spricht die Burg für sich selbst. Ihre Säle, Kemenaten, Treppen und Wehrgänge mit den Schießscharten wollen erlaufen sein. Krönender Abschluß ist natürlich stets der Ausblick vom Bergfried.

Lebendig wird es, wenn jemand etwas zum Gesehenen zu erzählen weiß. Das bindet die Aufmerksamkeit und schützt vor umtriebigem Herumrennen. Wir picken hier zwei Beispiele heraus, auf die Kinder im Grundschulalter erfahrungsgemäß gut ansprechen. Kleine Geschichten werden mit einem Suchauftrag verbunden.

Heiraten statt Krieg führen

Natürlich tuscheln auch Achtjährige schon mal von der Liebe. Wer mit wem „geht", wer mal wen heiraten könnte, obwohl man Heiraten doch „schrecklich doof" findet. Wie verblüfft werden Kinder sein, daß ein großes Wandgemälde im Rittersaal eine „Kinderhochzeit" zeigt. Genauer gesagt ist es die Verlobung der fünfjährigen Maria von Jülich-Berg mit dem sechsjährigen Johann von Kleve-Mark im Jahre 1496. Bevor jemand glaubt, hier würde Unsinn erzählt, gilt es das Bild zu finden. Es bietet Gelegenheit, von mittelalterlicher Diplomatie und Landespolitik zu erzählen:

Was macht ein Fürst, wenn er sein Land vergrößern möchte, wenn er mächtiger werden will oder letztlich nur sicherer vor einem gefährlichen Nachbarn leben möchte? Nun, die Rüstungen am Burgeingang sind ein deutlicher Hinweis: er rüstet auf. Und mittelalterliche Praxis war es, sich mit Kampf und Krieg das zu holen, was man haben wollte.

Im Mittelalter nicht unüblich: eine Kinderverlobung

Es gab aber auch eine friedliche, unblutige Methode der Landerweiterung: die Kinder zweier benachbarter Herrscherhäuser wurden miteinander verheiratet. Da sie ihr jeweiliges Land als Erbschaft mit in die Ehe brachten, wurden somit auch die beiden Länder miteinander „verheiratet". Jetzt mußte man den Nachbarn nicht mehr als Feind fürchten, schließlich gehörte man zusammen.

Damit auf solche Friedenszeit Verlaß war, wurde in einem Vertrag, der Verlobung, schon frühzeitig geregelt, wen die Kinder später heiraten würden. Das war dann keine Heirat aus Liebe, sondern ausschließlich eine aus politischen Gründen. (Deshalb hatten die späteren Ehepartner nebenbei so manche Freundin oder Freund als heimlichen Liebhaber.)

Unsere beiden Kinder auf dem Gemälde haben 14 Jahre nach der Verlobung tatsächlich geheiratet – ebenfalls auf Schloß Burg. Ihre Ehe brachte dem Land tatsächlich ungewöhnlich lange Frieden und Wohlstand. Der kleine Junge war nun Herzog Johann III. und trug den ehrenvollen Beinamen „der Friedfertige". Die Länder Jülich – Berg und Kleve – Mark, die durch diese Ehe zusammengeführt wurden, bilden übrigens den Kern des heutigen Bundeslandes Nordrhein-Westfalen.

Wandgemälde im Rittersaal

Neben dem eindrucksvoll-grausigen Großgemälde über die Schlacht von Worringen zeigen Kinder auch Interesse an der Bildfolge von Engelberts Ermordung und Heimkehr (Geschichten dazu finden wir in verschiedenen Publikationen, die auf Schloß Burg verkauft werden). Weniger blutrünstig, sondern erzählend informativ sind die Wandgemälde im benachbarten Saal, der Kemenate. So hieß der einzig beheizbare Raum einer Burg. Hier finden wir Darstellungen vom Leben auf einer Burg: Turniere, Jagdszenen oder beim Schmied.

Ein Donnerbalken im heymlichen Gemach

Den wüsten Ansturm auf den Bergfried („wer ist erster oben?") kann man etwas zähmen, indem es gilt, die Stufen zu zählen, die herauf und hinunter führen (rauf sind es 68, runter 71).

Nach dem imposanten Rundblick ist für manche Kinder „die Luft raus".

Eine Suchaufgabe, die immer wieder motiviert, empfehlen wir daher nach dem Abstieg vom Bergfried. Es gilt ein Letztes zu entdecken: Wo war das Klo? Ein WC oder gar Bad in unserem Sinne haben wir auf der Burg bislang nicht entdeckt.

Vom Bergfried auf dem Wehrgang zurück lüftet die Burg ihr Geheimnis: das Heymlich Gemach.

Eine Öffnung in der Mauer, ein Balken über den kleinen Vorsprung gelegt, und schon konnte man sein „großes Geschäft" beginnen, daß es nur so krachte und donnerte. Wasserspülung? Fehlanzeige! Alles, was heute die

Der steile Aufstieg auf den Bergfried wird mit einem herrlichen Weitblick über die Wupperberge belohnt

63

Kanalisation schluckt, lief früher die Burgmauer hinunter. Ob der Gestank hier an der Schildmauerseite auch als Abschreckungsmaßnahme gegen heranstürmende Feinde eingebaut war, wissen wir nicht. Bekannt ist nur, daß es auf manchen Burgen so gestunken haben muß, daß der Burgherr seinen Wohnsitz wechselte. Er residierte so lange auf Burg B, bis sich der Gestank auf Burg A verflüchtigt hatte. Jedenfalls erzählt uns solche Geschichten die Stimme aus dem Automaten, der in der Nähe des „Donnerbalkens" bedient werden kann.

Extras:

Feste und Märkte auf Schloß Burg

Schloß Burg wurde in den letzten Jahren auch ein beliebter Platz für Feste, Märkte und Ausstellungen. Regelmäßig im Jahreskreis werden veranstaltet:

Ostermarkt mit Kunst und Kunsthandwerk, Ausstellung – Demonstration – Verkauf

Ritterspiele: meist an Christi Himmelfahrt und Pfingsten, Demonstration von mittelalterlichem Leben pur, mit Extras für Kinder- und Jugendliche

Antiquitäten-Salon im September (kein Trödelmarkt, sondern Kostbarkeiten)

Ernte-Dank-Fest: Blumenzauber um den „Tag der Deutschen Einheit", 3. Oktober, herum

Kunsthandwerkerbasar um Allerheiligen herum:

Großer Treffpunkt führender europäischer Kunsthandwerker.

Büchermarkt und Spieleschau um den 1. Advent

Adventsbasar der Kunsthandwerker an den Adventswochenenden

Konzerte und Theatervorführungen finden übers Jahr verteilt im Rittersaal statt

Wir spielen Szenen auf einer Burg

Szenische Spielvorschläge für Kindergruppen und Schulklassen, auf Geburtstagen, Eltern- und Vereinsabenden, Ferienlager, Projektwochen und sonstige Geselligkeiten.

Nachgespieltes Mittelalter: ein Fest auf der Burg

Wie wäre es, einen Besuch auf Schloß Burg mit einem anschließenden Kinder-Burgenfest zu verbinden? Etwas für mutige Eltern mit pfiffigen Kindern. Für einen Kindergeburtstag ist das reichlich anstrengend und aufwendig – kann aber wunderschön werden.

Wir reißen mal einige Ideen an, mit denen wir in Kindergruppen gute Erfahrungen gemacht haben. Dabei sind der phantasievollen Weiterentwicklung fast keine Grenzen gesetzt. Je nach Alter, Spielerfahrung der Beteiligten, je nach Größe und Art der Gruppe sowie nach Aufführungsanlaß werden die Szenen gewichtet.

Eins vorweg: dies ist keine Geschichtsstunde. An unseren Mittelalter-Mix darf man nicht mit der Lupe des Historikers herangehen. Ziel ist hier mehr die Freude am Spiel mit historischen Versatzstücken. Kinder spielen die Eindrücke einer Burgführung oder einer Unterrichtsreihe nach, sie dürfen nun agieren und motorisch expansiv werden. Das muß nicht in Klamauk ausarten. Durch Rollenidentifikation und Nachahmung werden Details des Burglebens tief im Erfahrungsschatzkästchen gelagert. Als Konzession an die historische Redlichkeit projizieren wir mit einem Overheadprojektor Folien mit „seriösen Darstellungen", beispielsweise zum Thema „Minne", als Hintergrundbild.

Doch auch ohne diese Hilfe muß sich keiner scheuen, unsere mittelalterlichen Szenen zu „Ausstattungsopern" aufzupeppen! Wir improvisieren mit Kostümen, Requisiten, Texten und bauen all das ein, was die mitspielenden Kinder können: Purzelbaumschlagen und Zaubertricks beim Auftritt der Gaukler, Beinakrobatik junger „Raver" beim Schwerttanz, Blockflöten- und Trommeltöne als Tafelmusik. Und das Gekichere um Verliebtsein und Heirat wird in der Spielidee von Minnesang oder Burgenhochzeit aufgegriffen. Selbstverständlich kann jede Burg als Schauplatz erwählt werden. Für unser Bergisches Burgenfest muß es natürlich Schloß Burg sein.

Szenen auf einer Burg

Sprecher: Heute drehen wir die Zeitmaschine rund 800 Jahre zurück. Statt hier im Raum sitzen wir im Burggemäuer. (Bildprojektion: Burg)

Eigentlich müßte es jetzt kalt und zugig werden. Elektrisches Licht kennen wir nicht, statt dessen tropft Kerzenwachs von Wänden und Leuchtern. Unser Leben ist Gefahren durch Kriege, Krankheiten und Not ausgesetzt. Die Sitten sind rauh, die Männer meist im Kampf. Dennoch wollen wir uns heute das Leben schön machen. Deshalb sind wir auch nicht beim gemeinen Volk, den niederen Ständen, weder bei Leibeigenen, Bauern noch Handwerkern.
Wir sind heute mal ganz von Adel.
Deshalb, auf zum Festsaal nach Schloß Burg!

1. Szene: Aufzug der Edlen
Herzog und Herzogin schreiten mit Töchterchen und Gefolge ein.

Sprecher: Darf ich vorstellen: Herzog Robert von Berg und seine Gemahlin Herzogin Mathilde und das edle Töchterlein Orilanda, begleitet vom diensthabenden Ritter Morilandus, der auch der Burgvogt ist.

Musik – Kerzen – Getränke

Die Herzogin ist froh, daß ihr Gemahl nach langer Abwesenheit und vielen Eroberungszügen endlich wieder am heimischen Herd und an der festlichen Tafel weilt.

Mathilde: „Robert, ich bin ja so glücklich, daß Du wieder bei mir bist. Sieh, unser Kind ist groß und prächtig geworden".

Sprecher: Der Herzog versichert seiner edlen Mathilde, daß er des Kämpfens müde sei und jetzt die hellen, schönen Seiten des Lebens mit seiner Frau und seinen Untertanen leben möchte.

Robert: „Komm, Mathilde, laß uns fröhlich sein! Diener, schenk Wein ein, laß uns vergnügen, tanzen, fernsehen – ach nein, das gibt es ja noch nicht!"

Sprecher: Und was tat man auch damals schon, wenn man in trauter Runde am heimischen Herd saß? Richtig, man guckte Bilder, Bilder von früher.

Also lassen sich Robert und Mathilde die alten Handschriften, Kupferstiche und Drucke vorlegen – und erzählen von „noch früher".

– Projektion von Bildern des Mittelalters –

Mathilde: „Mein Gemahl, eigentlich wollte ich ja noch ein wenig sticken. Burgvogt, wo ist mein Stickrahmen?"

Tochter: „Ich helfe Euch, gnädige Mutter! Doch, da draußen höre ich Lärm, was ist das?"

Sprecher: Das Töchterlein hatte recht gehört. Im Dorf, unterhalb der Burg, ist Kirchweihfest, und die Bauern lärmen, tanzen und feiern.

Händler, fahrende Gesellen, Zauberkünstler und Gaukler vergnügen sich auf dem Markt und in den engen Gassen.

Der Lärm wird lauter, die Gaukler kommen auf die Burg, bitten um Einlaß und wollten ihre Kunststücke vorführen.

Robert: „Burgvogt, laßt sie herein!"

Tochter: „Oh ja, Papa, laßt sie herein, ich will sie sehen, ich will lachen!"

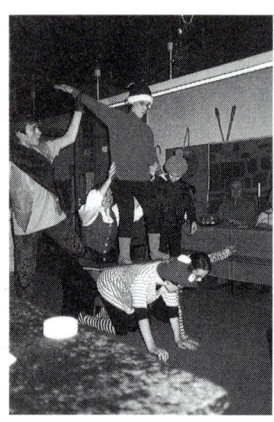

„Akrobaten" auf dem Burgfest

2. Szene: Die Gaukler sind da

Gaukler: Kinder führen vor, was sie als „Gaukler" können. Z.B. Zaubertricks, über „Scherben gehen" (s. Tip), Jonglieren mit Tüchern, wer's kann mit Bällen.

Herzog: „Habt Dank, das war prächtig. Laßt Euch zum Lohn in der Burgküche beköstigen!"

Tochter: „Weiter, Papa! Bitte mehr, noch mehr! Es ist höchst vergnüglich."

Herzog: „Burgvogt, schickt nach den Akrobaten!"

Akrobaten: Kinder führen als Akrobaten vor, was sie können: Purzelbaum, Radschlagen, Salto, Menschenpyramide (s. Tip), als Gag auch ein Skater im Ritterkostüm.

Herzogin: „Köstlich, köstlich. Wie tollkühn und flink Ihr doch seid. Laßt auch Ihr Euch in der Burgküche reichlich bewirten!"

Dieser Szene könnten z. B. noch Tierdressuren folgen: Ein Esel, der rechnen kann, ein Tanzbär, oder „der Bär ist los".

In weiteren Szenen könnten auftreten:

– ein Minnesänger, der vom „Neuesten von Früher" berichtet (als Gag vielleicht auf einer E-Gitarre playback zur Musik von früher).

– ein werbender Jüngling einer befreundeten Burg

– ein „höfischer Reigentanz" zu Blockflöte und Tambourin

– Turnierszenen mit gespielten Fecht- oder Schwertpassagen

Das Spiel kann enden in einem gemeinschaftlichen Essen. Grillwürstchen werden zu Spießbraten, Limonade zu Met erklärt. Und gegessen wird mit den Fingern.

Tips für Akrobaten und Gaukler

Die Gaukler- und Akrobatenvorführungen können auf Übungen des „Spiele-Cirkus" zurückgreifen.

Aus dem Buch „Circusspiele, Ideen für die Circuspraxis" (siehe Literaturhinweis) wollen wir hier zwei Beispiele nennen:

Barfuß auf **Scherben** laufen: Was so gefährlich klingt, ist völlig harmlos, wenn die Kanten der Scherben rund – und stumpf – geschliffen sind. Beispielsweise sind Scherben, die vom Fluß ans Ufer gespült wurden, meist stumpf. Das ewige Wasserwälzen hat die Kanten rund gemacht. Diesen Effekt erreicht man auch, wenn Scherben aus dickem Glas über viele Stunden (mindestens 3) in einem großen Wassertopf „gekocht" und ständig umgerührt werden. Die Investition in solch ein Scherbensäckchen wird sich für verblüffende Effekte auf noch vielen Festen lohnen.

Menschenpyramiden aufzubauen sieht effektvoll aus, ist aber gar nicht schwer. Wegen der Sicherheitsstellung verweisen wir jedoch auf die Textanweisungen im Cirkusspiele-Buch. Die Strichskizzen sollen hier nur andeuten, daß es wirklich mit Kindern gut machbar ist.

Effektvolle
Menschenpyramiden

Stadt der Schwerter und Klingen
Deutsches Klingenmuseum Solingen

Es gibt Themen, über die kann man endlos streiten. Etwa über die Frage, ob Autos eine gute oder eine schlechte Erfindung sind. Der eine zählt als schlimmes Beispiel die Verkehrstoten auf, der andere weist darauf hin, wie oft Notarztwagen Menschenleben retten. Meist einigt man sich bei solchen Diskussionen, daß die Erfindung selber weder schlecht noch gut ist. Es kommt darauf an, wie man mit ihr umgeht.

So könnte es auch am Schluß eines Besuchs im Deutschen Klingenmuseum Solingen-Gräfrath heißen.

Waffen und Skalpelle

Da wimmelt es von Waffen, Schwertern, Dolchen, Degen, alten wie neuen. Unbenutzte, blinkende Dekorationsstücke liegen in den Vitrinen neben solchen, über die viel, viel Blut geflossen ist. Vom Schwert des Scharfrichters (Henker) erst gar nicht zu reden. Und dann sehen wir besondere Messerbestecke für Ärzte, Skalpelle, deren Schnitte helfen, Menschen von Krankheiten zu befreien. Blitzende Klingen nützen dem Mörder ebenso wie dem Verteidiger, sie vernichten Leben und sie retten. Wichtig ist eben die Verantwortung, wie man mit ihnen umgeht. Und wichtig ist ihren Benutzern, daß sie funktionieren, einwandfrei und zuverlässig. Der Ritter, dem im Kampf das Schwert zerspringt, ist genau so handlungsunfähig wie der Chirurg, dem man stumpfe Instrumente in die Hand gibt. Ob als Waffe oder als Operationsbesteck – an Klingen werden höchste Ansprüche gestellt.

„made in Solingen"

Solinger Handwerker erfüllen diese Ansprüche seit alters her so außerordentlich gut, daß der Name ihrer Stadt in der ganzen Welt für beste Schneidwaren bekannt ist. Solingen ist die Klingenstadt, das Stadtwappen zeigt es. Es ist kein Witz, daß schon mancher Weltreisender ein Messer als Souvenir mitbrachte, auf dessen Klinge stand „made in Solingen".

Das war schon in früheren Zeiten so. Im Museum werden Schwerter ausgestellt, die man beispielsweise in Asien gefunden hat und die eine Solinger Inschrift tragen. Damals hieß es noch nicht englisch „made in" sondern lateinisch „me fecit Solingen". Auf Deutsch heißt das: „mich hat Solingen gemacht", oder: „ich wurde in Solingen hergestellt".

Das Wappen zeigt es: Solingen ist die Klingenstadt

„me fecit Solingen"

Solch eine Gravur war ein absolutes Gütesiegel. Denn Solinger Schmiede hatten den Ruf, die besten der Welt zu sein. Eisen zu schmieden ist in der Tat eine Kunst. Zu leicht konnte dabei etwas schief gehen. Ein Schwert sollte einerseits unerbittlich hart und scharf sein. Andererseits mußte sein Material auch schmiegsam sein, wenn es nicht beim ersten Gegenschlag bersten sollte. Sprödes Eisen bricht bei Belastung nämlich sehr schnell.

Aus Eisen wird Stahl

Heute können wir mit wissenschaftlichen Formeln der Physik und Chemie die Idealbeschaffenheit einer Klinge genau bestimmen. Beispielsweise hängen Härtegrad und Elastizität des Materials von seinem Kohlenstoffgehalt ab. Der kann bei bestimmten Temperaturen herausgeklopft werden. Aus Eisen wird dann Stahl. Was heute die Computeranalysen regeln, dafür mußte früher der Schmied ein Händchen, ach was, einen starken Arm haben. Wie und wie kräftig er das glühende Eisen schlug, davon hing die Güte einer Waffe und oftmals das Leben ihres Besitzers ab.

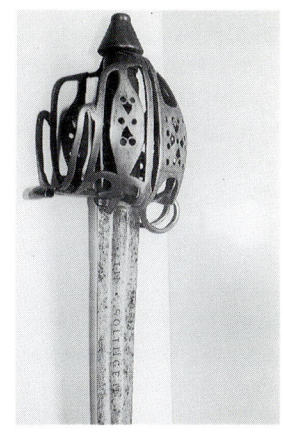

„me fecit Solingen" ist auf der Klinge eingraviert. Diese Herkunftsangabe wurde zum Gütezeichen

Berufsgeheimnis

Die Solinger Schmiede waren auf ihre Kunstfertigkeit nicht nur stolz, sondern auch eifrig darauf bedacht, daß ihnen so schnell keiner was nachmachen konnte. Sie wollten alleinige Spitze bleiben und somit auch Spitzenpreise erzielen. Sie erhoben ihr Können zum Geheimnis und stellten – mit Genehmigung des Herzogs – die Regel auf, daß das Schmiedehandwerk nur vom Vater auf den Sohn übertragen werden durfte. Darüber wachte die Bruderschaft der Schmiede, eine Handwerkerzunft, die für die Berufsausbildung zuständig war. Manchmal – etwa wenn es keinen Nachkommen gab – konnte sich jemand, allerdings mit einem hohen Geldbetrag, in eine Schmiede einkaufen.

Von Teufeln und guten Geistern

Wenn Spezialisten Außergewöhnliches leisten, kommt rasch der Verdacht auf, es ginge nicht mit rechten Dingen zu. So wie wir im Sport heute an Doping denken, so glaubte man früher, daß geheimnisvolle Mächte die

Hände im Spiel hätten. Es entstanden Sagen. Die Solinger Schmiede legten deren Inhalt natürlich zu ihren Gunsten aus. Kein Teufel, sondern ein „guter Geist" half ihnen und bestimmte gleich die Regeln, nach denen nur sie die Auserwählten bleiben dürften. Die folgende Sage von Meister Tilmann und dessen Gesellen Gerhard zeugt davon. Zwischen den Zeilen lesen wir jedoch, daß die Solinger keineswegs die ersten und einzigen Beherrscher der Klingenkunst waren. Ihr Vorbild waren damals Schwerter aus dem fernen Damaskus – die Sage spricht von Damaszenerklingen. Dort, im Orient („Morgenland"), den heutigen Staaten Syrien, Israel, Jordanien und Irak stand die Schmiedekunst in hoher Blüte. Kreuzfahrer lernten sie dort kennen und fürchten. Da die bergischen Herrscher und Ritter sich lebhaft an diesen grausigen Kriegszügen beteiligten, ist es wahrscheinlich, daß sie Muster der dortigen Waffenperfektion mit nach Hause brachten.

Waffen aus allen Zeiten sind in den Vitrinen des Solinger Klingenmuseums ausgestellt

Extras:

Sage Solinger Klingen

Wie die Solinger Meister die Schwertkunst erlernten

(Verkürzt wiedergegeben nach Rudolf Picard und Hans Brongs in „Bergische Heimatgeschichten".)

Meister Tilmann, der berühmte Klingenschmied, sitzt in seiner Wohnstube. Nachdenklich und ein wenig verdrießlich betrachtet er ein wunderbares Schwert, das ein Kreuzfahrer einst aus dem Morgenlande mitgebracht hat. Wie oft hat er versucht, auch eine Damaszenerklinge zu schmieden, hart und doch biegsam, sowie mit buntdurchwirktem Muster. Alle seine Bemühungen sind vergeblich gewesen; das Geheimnis dieser Schwertschmiedekunst ist ihm verschlossen geblieben.

Ein Klopfen an der Tür reißt ihn aus seinen Gedanken und Gerhard, der Altgeselle tritt ein und entbietet seinen Gruß. „Meister", fährt er zögernd fort, „ich glaube, ihr seid mit meiner Arbeit immer zufrieden gewesen. Erfüllt mir nun einen Herzenswunsch! Gebt mir die Hand eurer Tochter Hildegundis!" Der Meister antwortet mit ernster Miene: „Das ist schon so, du bist ein geschickter, fleißiger Geselle, ein guter, frommer Mensch. Mein einziges Kind hat dich herzlich gern. Doch eine Bedingung mußt du vorher erfüllen. Mach dich auf die Wanderschaft, ergründe du im fernen Morgenlande das Geheimnis dieser Klinge. Wenn dir das gelingt, sollst du mir als Schwiegersohn willkommen sein".

Gerhard ist sehr betroffen, als er diesen Vorbehalt hört. Doch die Liebe zu Hildegundis und sein Handwerkerstolz lassen ihm keine Wahl.

Abends wird es ihm schwer ums Herz, als er an den Abschied und die lange Zeit der Trennung denkt. Er bittet Gott, er möge seinen Weg beschützen und sein Vorhaben segnen. Als er sich erhebt, gewahrt er einen seltsamen Greis, der zu ihm spricht: „Wenn du mir vertraust, so kann ich dir die Reise nach Damaskus ersparen. Begib dich in der Neujahrsnacht hinab ins Tal der Wupper! Dort liegt in einem Eichenwald ein altes Gemäuer. Sobald du den Ort erreicht hast, sollst du dreimal den Namen Johannes rufen. Dann wird sich dir eine verborgene Pforte öffnen und ein Gang zeigen. Tritt mutig ein, und du wirst das Geheimnis erfahren!" Sogleich verschwindet die Gestalt.

In der Neujahrsnacht geht der Geselle hinunter ins Tal und findet alles, wie es ihm vorausgesagt ist. Die Pforte öffnet sich. Gerhard gelangt in eine hellerleuchtete Schmiede. Hier tritt ihm der Greis freundlich entgegen. „Gib nur acht", ermahnt ihn der Alte, „und merke dir genau, wie ich Stahl und Eisen zusammenfüge und die verschiedenen Werkzeuge benutze! Dann mußt du selbst eine Probe ablegen, alsbald wirst du die höchste Kunst des Klingenschmiedens beherrschen". Hurtig tritt der Greis den Blasebalg, die Flamme des Schmiedefeuers lodert auf. Behende und meisterlich werden Hammer und Zange benutzt. Der staunende Geselle erfährt alle Handgriffe und auch die Zusammensetzung der flüssigen Mischungen, mit denen die Klinge schließlich behandelt werden muß.

Dann muß Gerhard selbst zupacken, und siehe, das Werk gelingt. Eine der schönsten Damaszenerklingen glänzt in seiner Hand. Von ganzem Herzen dankt er seinem Lehrmeister. Der Greis will nichts von Dank wissen, aber er läßt den Gesellen einen Schwur leisten: Das Geheimnis darf für ewige Zeiten immer nur ein Vater auf den Sohn vererben.

Frohgestimmt scheidet Gerhard von seinem Wohltäter und macht sich auf den Heimweg. Er erzählt Meister Tilmann von seinem sonderbaren Erlebnis und von dem Schwur, der ihn bindet. Gleich macht sich der Geselle mit Fleiß an die Arbeit, schafft den ganzen Tag und die Nacht dazu. Als am nächsten Morgen der Meister zur Schmiede kommt, kann ihm Gerhard die fertige, wohlgelungene Klinge übergeben. Wie eine Gerte läßt sie sich federnd biegen, scharf und hart sind die Schneiden. „Das ist fürwahr ein Meisterstück, wie es niemand besser machen könnte. Deine Kunstfertigkeit wird dir, doch auch unserem Schwertschmiedehandwerk Ruhm und Gewinn einbringen. Gerne gebe ich dir nun Hildegundis zur Frau." – Dem Paar wurden drei Söhne geschenkt, und alle drei erlernten das Klingenschmiedehandwerk. Nachdem sie ihre Lehrjahre hinter sich gebracht hatten, weihte sie der Vater in das große Geheimnis ein. So vererbte es sich weiter von den Vätern auf die Söhne bis in die heutige Zeit.

Bestecke und Tischmanieren

Wie gesagt stellt das Klingenmuseum nicht nur Kampfwerkzeuge aus. Großen Raum finden in ihm auch metallene Geräte unserer Alltagskultur wie Scheren, Rasiermesser und Eßbestecke.

Tischsitten waren keine Selbstverständlichkeit

Kinder werden ihre Freude haben, zu hören, daß es auch früheren Generationen nicht leicht fiel, stilvoll mit Messer und Gabel zu essen, ja daß es aus Ungeschicklichkeit zu regelrechten Gesichtsverletzungen dabei kam. Wie so vieles Selbstverständliche unserer Tage waren Tischsitten und die dazugehörigen Werkzeuge den „feinen

Zu Füßen des Klingen-
museums lohnt ein
Gang durch das
malerische Gräfrath mit
seinen typisch
bergischen, schiefer-
gedeckten Häusern

Herrschaften" vorbehalten. Das „gemeine Volk" aß meist
mit den Fingern, und zur Suppe genügte ein Holzlöffel.
Metallbestecke waren etwas für die Tafel bei Hof.

Unser Tip

Bestecke sind für Kinder eine eher abstrakte Angelegenheit. Es wird sie ermüden, brav von Vitrine zu Vitrine mit-
zuziehen. Dieser Bereich lebt von Erzählungen um Tischsitten und Eßkulturen. An Hand derer sollte man sich
einige Schauobjekte herauspicken. Einige schöne Beispiele sind in einem Begleitheft (siehe Literaturangabe)
aufgeführt. Etwa zum Thema „Tischsitten":

> „Wirf keine Abfälle unter den Tisch. Schneuz dich nicht
> so laut, und wenn du dich schneuzen mußt, dann tu
> es nicht mit der Hand, die das Fleisch anfaßt. Säubere
> deine Zähne nicht mit der Messerspitze ..."

Auch die Führung durch die Waffensammlung sollte von Erzählungen und historisch relativierenden Einordnungen begleitet werden. Bloßes Waffenschauen könnte auch einen verherrlichenden Kick auslösen. Die – redlicherweise nicht verschwiegene – Abteilung „Nazis und die Faszination der Blankwaffen" ist dafür ein Beispiel. Die Nutzung der museumspädagogischen Dienste kann nur bestens empfohlen werden. Auch Erwachsene werden dann wesentlich mehr von solchen Ausstellungen mitnehmen.

Historisches Gräfrath und Tierpark Fauna

Ein Besuch im Deutschen Klingenmuseum Solingen-Gräfrath kann abgerundet werden durch einen Bummel durch den schmucken **historischen Stadtkern Gräfraths.** Seine Schieferhäuser in Hanglage sind klassische Fotomotive unzähliger Kalender und Bücher über das Bergische Land.

Fünf Autominuten entfernt vom Museum liegt der kleine, landschaftlich hübsch eingebettete **Tierpark „Fauna",** der zu Picknick, Tierbeobachtung und mit seinem Spielplatz zum großmotorischen Ausklang eines Gräfrath-Ausflugs einlädt.

Südamerikanische Nandus und bergische Kühe leben am Gräfrather Tierpark in Nachbarschaft

Starke Frauen und Fleißige Zwerge
Solinger Kotten

Solingen ist die Stadt der Klingen. Schmiede gründeten ihren Weltruhm mit der hervorragenden Schwertherstellung. Das Kapitel über das Deutsche Klingenmuseum erzählt ausführlich davon.

Mit dem Ende der Ritterzeit waren Schwerter seltener gefragt und die Schmiede verlagerten ihre Produktion auf friedlichere Gebrauchsgegenstände wie Scheren,

Rasierklingen, Messer und Bestecke. Die Stadt wurde eine Hochburg für Schneidwaren aller Art. „Made in Solingen" gibt es heute auf allen Kontinenten zu kaufen.

Leben im Kotten

Einst wurden die Klingen ausschließlich in Heimarbeit hergestellt. Entlang der zahlreichen Bäche und vor allem entlang der Wupper führten viele Klingenschmiede, Messer- und Scherenschleifer selbständige, kleine Familienbetriebe. Noch waren sie nicht Lohnarbeiter einer Fabrik, wie sie das während der letzten hundert Jahre mehr und mehr wurden. Arbeitsstätte und Wohnraum lagen beieinander. Man lebte im „Kotten". Während die Männer vorm Schleifstein saßen, übernahmen die Frauen den Transport der Ware. Sie trugen die Körbe voll mit Rohmaterial oder fertig geschliffenen Klingen zum nächsten Handwerkerbetrieb. Denn eine Schneidwarenherstellung geschah in Arbeitsteilung: einer schmiedete, einer besorgte den Grobschliff, einer den Feinschliff („Pliesten") einer polierte, einer härtete, schließlich setzte einer Messergriffe drauf („Reider") oder schraubte Scherenteile zusammen. Da die Arbeitsgänge verschiedenes Werkzeug verlangten, spezialisierte man sich.

Starke Frauen

Mehrmals in der Woche zogen die „Liewerfrauen met de Liewermang voll Krom om Kopp" los, wie es in bergischer Mundart heißt. Damit ist gemeint, daß die **Lieferfrauen** ihre schwere Last (15–25 kg Metall lagen in so einem Korb) auf dem Kopf zur nächsten Werkstatt oder zu einem Händler („Verleger") trugen. Wege von 1 bis 3 Stunden Fußmarsch waren an der Tagesordnung.

Auf dem Kopf transportierten bergische „Liewerfrauen" ihre schwere Last über die Wupperberge

Warum sie für ihre Last keinen Handwagen benutzten? Das werden wir am besten verstehen, wenn wir uns mal selber auf den Weg von einem Kotten zum anderen begeben. Wer Kondition hat, kann auf dem sogenannten Solinger Klingenpfad, einem gut beschilderten Wanderweg rund um Solingen, das ca. 10 km lange Teilstück von Balkhausen nach Wipperaue gehen und die beiden wohl schönsten und besterhaltensten Kotten besuchen. Beachtliche Höhenunterschiede und Engpässe sind zu überwinden. Heute gibt es auch ausgebaute Wege, die in Ufernähe zwischen den Kotten herführen. Mit dem Fahrrad sind sie ohne Hetze auch mit Kindern in zwei Stunden zu schaffen. (siehe Kapitel „Erlebnis Wupper", Ausflug „Kottentour per Fahrrad")

Selbst wer mit dem Auto die beiden Kotten getrennt ansteuert, wird bei der serpentinenartigen Wegführung Respekt vor den Leistungen der „Liewerfrauen" (auch vor den mithelfenden Kindern) bekommen. Im Solinger Einkaufszentrum ist ihnen übrigens ein Denkmal gesetzt.

Der Balkhausener Kotten

Abseits der Besiedlung Balkhausen, zwischen Straße und Fluß, steht einer der ältesten Solinger Schleifkotten. Vom satten Grün der Wupperwiese hebt sich das Weiß des breiten Fachwerkbaus leuchtend ab. Dieses mehr-

Der mächtige Zahnkranz wird über das Wasserrad in Schwung gebracht

fach von Brand und Hochwasser zerstörte Anwesen wurde 1972 als „Arbeitsdenkmal" restauriert und der Öffentlichkeit als Schleifermuseum zugänglich gemacht. Imponierend ist der Anblick des gewaltigen Wasserrads mit seinen zahlreichen Übersetzungen auf Schleifsteine und Bänder im Innern der Werkstatt. Nach Vereinbarung führt ein Schleifer die alten Techniken auch vor.

Deutlich wird die Nachbarschaft von Arbeits- und Wohnraum. In Letztgenannten hat heute ein Designer mit Werkstatt und Atelier Einzug gehalten.

Das Wiesenland um den Kotten wurde früher dringend für den Lebensunterhalt benötigt. Denn die Schleiferfamilien waren ernährungsmäßig weitgehend Selbstversorger:

„Zu einem Schleifkotten gehörten gewöhnlich ein paar Ziegen und ein Stück Ackerland, das von den Frauen der Familie und bei Wasser- oder Auftragsmangel auch von den Schleifern selbst bestellt wurde. Die Schleifer in den Wupperkotten konnten neben einer kleinen Landwirtschaft auch noch Fischfang betreiben. In den Obergräben oder an geeigneten Stellen des Hauptstaus legten die Schleifer sog. Selbstfänge (Kasten mit Lattenboden, durch den das fließende Wasser hindurchfloß, während die Fische auf dem Lattenrost hängenblieben) für den Talfang aus. Die landwirtschaftliche Selbstversorgung war eine Grundlage für die Unabhängigkeit der Handwerker." (aus: Auf den Spuren der Solinger Schleifer, Historische Touren durch Solingen-Widdert, Rheinland Verlag 1992).

Gut 8 km flußabwärts, an der Grenze zu Leichlingen, liegt eine weitere von ehemals 26 Schleiferwerkstätten.

Der Wipperkotten

Fotos dieser Doppelkottenanlage mit dem Stauwehr im Hintergrund gehören zur touristischen Schokoladenseite Solingens. Daß diese nicht mehr durch einen ätzenden Gestank des Wupperwassers vergällt wird, ist zu einem guten Teil den Menschen zu danken, die sich hier niedergelassen haben. Der Balkhauser Kotten ist nämlich nicht nur Adresse eines Künstlerateliers und einer

Schleiferei, sondern auch die der „Notgemeinschaft Abwassergeschädigter bergischer Bäche und der unteren Wupper, NAG" (siehe auch Kapitel „Erlebnis Wupper"). Diese Initiative hat zwar noch nicht alle ihrer Umweltschutzziele erreicht. Doch wer aus den 60er Jahren noch den süßlich-stechenden Chemiegestank in der Nase und die Schaumkronen auf dem Wasser vor Augen hat, der preist die Wupper heute geradezu als ein Naturparadies.

Starker Fluß

Das Wasser hat in der Wipperaue die Kraft, gleich zwei Kotten zu bedienen. Mit einem Stauwehr oberhalb der Häuser wurde allerdings nachgeholfen. Von dort führt ein Graben Wasser ab. Durch den Stau wurde dessen Gefälledruck künstlich erhöht. Er reicht aus, um die riesigen Schaufelräder zwischen den beiden Kotten zu bedienen, in diesem Fall „unterschlächtig", also durch Wasserschlag gegen die Unterseite der Räder.

Der Doppelkotten in der Wipperaue. Gleich zwei Werkstätten werden mit Wasserkraft versorgt

Der Künstler, der heute den **Innenkotten** dieser rund 400 Jahre alten Anlage bewohnt, ist übrigens der Initiator der NAG. Neben seinem Atelier hat er eine Sammlung urgeschichtlicher Schneidwerkzeuge und Erzfunde zusammengetragen. **Der Außenkotten** beherbergt noch eine voll intakte Schleiferei. Trotz ihres Museumscharakters, ist sie eine lebendige Werkstatt Solinger Heimarbeiter (Führungen und Demonstrationen siehe Serviceteil).

Die hohe Kunst eines Handwerkerstands hat immer schon zu Spekulationen geführt, ob da nicht andere Mächte im Bunde waren. Sagenhafte Leistungen lassen sagenhafte Geschichten bald folgen. Über die Schmiede an der Wupper ist folgendes überliefert. (Wiedergegeben nach Rudolf Picard und Hans Brangs: „Bergische Heimatgeschichte", im Original: „Die Zwerge zu Müngsten")

Extras:

Sage vom Zwergenjunkerlein

Einst kam um die mitternächtliche Stunde ein Hammerschmied in angeheitertem Zustande des Weges. In der Gegend der schroffen Felsen vernahm er ein helles Lachen und Jauchzen. Verwundert blieb er stehen und gewahrte im schimmernden Mondlicht eine Gruppe von Zwergen, die zwischen Felsen und Baumstämmen ihr neckisches Spiel trieben. Einige warfen ihre langen Zipfelmützen in die Luft und jubelten laut, wenn es ihnen gelang, sie mit einem silbernen Stäbchen wieder aufzufangen. Plötzlich aber schlug die übermütige Freude in lautes Wehklagen um. Einem etwas ungeschickten Zwerglein war die Mütze in die rauschenden Fluten der Wupper hinabgefallen.

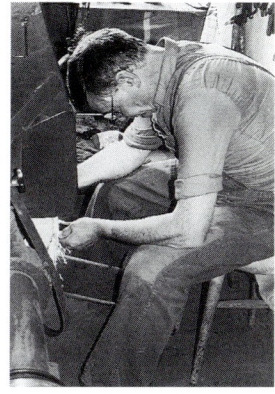

Die Funken sprühen im Wipperkotten, wenn der Schleifer unsere Schere wieder scharf macht

Eilig stürzten alle Männchen zum Ufer und beobachteten mit Entsetzen, wie das Kleinod von den Wellen weggerissen wurde. Unsern gutherzigen Hammerschmied erfaßte ein rechtes Mitleid. Er trat in den Kreis der Zwerge, die ob seines Anblicks erschraken, jedoch sich schnell beruhigten, als er erklärte, ihr Helfer sein zu wollen. Er watete in die Wupper hinein und holte unter allgemeinem Jubel der kleinen Zuschauer die Zipfelmütze aus dem Wasser hervor und überreichte sie dem überglücklichen Zwerg.

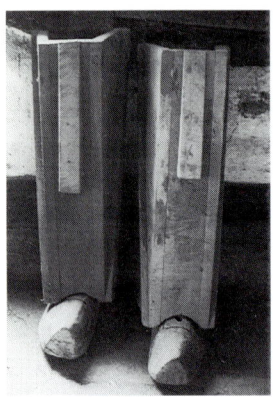

Beinschoner aus Holz schützten bei der gefährlichen Schleif-arbeit

Der Schmied eilte nach Hause, stellte, weil er in der frühesten Stunde des nächsten Tages an die dringliche Arbeit gehen wollte, das Roheisen an den Amboß und legte sich zur Ruhe. Wie groß aber war sein Erstaunen, als er am nächsten Morgen, anstatt des Roheisens den blanksten, schönsten Stahl vorfand. Das Wunder wiederholte sich in den folgenden Nächten, und aus dem armen Hammerschmied wurde bald ein wohlhabender Mann.

Allein die Neugierde quälte ihn immer wieder, dem Geheimnis auf die Spur zu kommen. Er versteckte sich deshalb an einem Abend hinter dem Blasebalg. Bald hörte er ein zartes Geräusch an der Tür, und herein huschte im hellen Schein eines silbernen Laternchens der ihm bekannte Zwerg. Der Hammerschmied mußte an sich halten, um nicht bei den drolligen Bewegungen des mit der Zipfelmütze geschmückten Männchens in lautes Lachen auszuplatzen. Jetzt holte der kleine Schmied ein silbernes Hämmerchen aus seinem Schurzfell und begann mit kaum hörbaren Schlägen seine Arbeit. Aber das Eisen dehnte sich wie Wachs, und nach einigen Stunden stand der Stahl fertig da. Mit einem übermütigen Sprung verschwand der kleine Helfer in der Nacht.

Der Hammerschmied fühlte sich ein wenig beschämt und nahm sich vor, in seiner Dankbarkeit nicht hinter dem treuen Zwerg zurückzubleiben. Von dem geschicktesten Schneider des Landes ließ er ein rotes, goldgesticktes Wämslein anfertigen. Das legte er am Abend sorgfältig verpackt auf den Stapel Eisen.

Wieder erschien das Männlein, öffnete behutsam das Päckchen, und sein Auge leuchtete vor Freude beim Anblick des glänzenden Kleides. Schnell zog der Zwerg sein graues Nebelmäntelchen aus und vertauschte es mit dem neuen Gewand. Es gefiel ihm so gut, daß er ausrief: „Was braucht ein Junker länger zu schmieden, wenn er ein rotes Wämslein hat!" Seit dieser Zeit ward der Zwerg nicht mehr gesehen, und der Hammerschmied mußte wieder alle Arbeit allein verrichten.

Erze, Holz und Wasser – Voraussetzungen zum Erfolg

Im Bodensatz einer Sage liegt immer auch ein Stück Wirklichkeit. Die Fantasie vom Zwergenvolk nennt als realistischen Hintergrund die tatsächlichen Voraussetzungen, die Solingen zur Stadt der Schneidwaren werden ließen. Neben dem Fleiß der Handwerker mußten drei Naturgegebenheiten vorhanden sein: **Eisenerze, Holz und**

Wasser. Erze als Boden- bzw. als Bergwerksschätze gab es im Bergischen und umliegenden Land reichlich. Und wenn von Bergwerken und vom Schaffen unter der Erde die Rede ist, tauchen in Geschichten rasch Zwerge auf, kleine Männchen, die durch Bergspalten, Schächte und Stollen schlüpfen.

Holz zum Entfachen der heißen Schmiedefeuer lieferten die umliegenden Wälder. Und Wasserläufe sind in regenreichen Gebieten, wie es das Bergische Land ist, ohnehin zahlreich anzutreffen. Bäche und Flüsse mußten nämlich die Räder antreiben, ohne deren Bewegung die Schleifsteine im Kotten sich nicht gedreht hätten.

Eine Fabrik als Museum
Gesenkschmiede Hendrichs – Rheinisches Industriemuseum

Mit der Erfindung der Dampfmaschine (um 1765 durch James Watt), später durch den Einsatz von Elektromotoren, wurden die Klingenschmiede vom Wasser unabhängig. Nun konnten Schleifereien, Schmieden und Hammerwerke auch „oben" in der Stadt eingerichtet werden.

Eine solche „Gesenkschmiede" wollen wir abseits des Wuppertals besuchen. Auf den Höhen, zwischen dem Stadtteil Ohligs und der Solinger City, existierte die Gesenkschmiede der Brüder Hendrichs genau 100 Jahre lang als großer Handwerksbetrieb. 1986 wurde er „von heute auf morgen" zum Museum, mit allem was an Gerät und Material vorhanden war. Hier riecht es nicht nur so, als würde noch echt gearbeitet, hier arbeiten vielfach auch noch die gleichen Mitarbeiter wie früher. Nur produzieren sie jetzt nicht mehr für den Weltmarkt, sondern für Museumsbesucher. Ihr Gehalt wird nun vom Landschaftsverband Rheinland gezahlt, der hier die erste Außenstelle des „Rheinischen Industriemuseums" unterhält.

Ein Museum zum Mit- und Selbermachen. In der Gesenkschmiede Hendrichs dürfen Kinder Schlüssel feilen...

... und auch schon mal den dicken Fallhammer sausen lassen

Aus der ehemals privaten Gesenkschmiede der Familie Hendrichs wurde ein höchst lebendiges Mitmach-Museum, dessen Programm gerade auch auf Kindergruppen ausgerichtet ist. Denn die Besucher erleben nicht nur, wie die Rohlinge für Scheren hergestellt werden, sie dürfen auch selber mitproduzieren. An Schraubstöcken werden Schlüssel gefeilt und mit Hilfe eines Fallhammers darf man Scherenrohlinge ausstanzen und sie sogar mit nach Hause nehmen. Natürlich arbeiten die Kinder nicht mit glühendem Eisen. Eine Knetmasse ersetzt es. Doch allemale werden die Arbeitsvorgänge deutlich, vor allem die Möglichkeit zur Massenproduktion, die mit den Maschinen Einzug hielt. Anfangs diente eine Dampfmaschine als Antrieb des Hammers, später setzten Dieselmotoren ihn in Gang. Alles ist noch im Originalzustand auf dem großen Gelände zu besichtigen. Diese Ausmaße und die Demonstration eines einzigen krachenden Hammerschlags sprechen dann auch schon für sich, warum solche Fabriken – 40 Mitarbeiter waren hier einst tätig – heute in Wohngebieten nicht mehr zumutbar sind. Machten die Hammerwerke vor hundert Jahren viele Handschmiede arbeitslos, so wurden sie in unserer Zeit durch Umweltauflagen und technisch modernste Massenbetriebe aus der Stadt verdrängt.

Was es sonst noch gibt in Solingen

Der **Solinger Klingenpfad** ist ein Wanderweg, der 75 km rund um Solingen führt. Die meisten touristischen Höhepunkte der Klingenstadt liegen an seinem Wegesrand. In überschaubaren Etappen ist er auch für Gruppen mit Kindern unbedingt ein Tip. Für den strammen Wanderer ist er ein Muß. Die Stadtinformation Solingen (Tel.: 0212/2902333) gibt einen anschaulichen Faltplan über den Klingenpfad heraus, der gleich Etappenvorschläge mitliefert.

Sengbach Talsperre

Eine der ältesten Talsperren Deutschlands liegt im Stadtteil Höhrath (Nahe Schloß Burg, Parkplätze), und ist immer noch als Wasserspender für die Großstadt und umliegende Gebiete in Betrieb.

Die Esel gehören zu den Publikumslieblingen im Ohligser Vogel- und Tierpark. Streichelzoo und Spielplatz sind gleich nebenan

Die Sengbachtalsperre hat seit der Fertigstellung im Jahr 1903 immer größere Bedeutung erlangt: als Lieferant des wichtigsten aller Lebensmittel und als Erholungsgebiet. Rund 12 Quadratkilometer umfaßt die „grüne Lunge" im waldreichen Dreieck zwischen Solingen, Witzhelden und Wermelskirchen. Drumherum erstreckt sich ein attraktives Wandergebiet.

Für Kinder ist ein Gang über die mächtige Sperrmauer aus Bruchsteinen besonders reizvoll. Ansonsten ist der unmittelbare Uferbereich aus Gründen des Wasserschutzes für Besucher gesperrt.

Vogel- und Tierpark Solingen-Ohligs

Tierpark Fauna

Museum Baden

Sternwarte

Laurel & Hardy Museum

VHS Filmstudio

Musikschule der Stadt Solingen

Und nach der Tierschau wird ausgetobt. Spielplatz im Ohligser Tierpark

3. Erlebnis Remscheid

Ausflug zur Milchstraße
Der Astronomische Verein und die Sternwarte

In den Städten ist es auch nachts so hell, daß die Himmelskörper keine rechte Strahlkraft entwickeln. Wir sehen deshalb nur eine begrenzte Zahl von Sternen. Und deshalb lädt der Astronomische Verein in Remscheid bisweilen zu „Sternwanderungen" an den Stadtrand ein. Und dort, nicht einmal einen Kilometer von der City entfernt, eröffnen sich ganz andere Ausblicke. Mit etwas Glück können wir, sobald sich die Augen an das Dunkel gewöhnt haben, sogar die Milchstraße erkennen. Die ehrenamtlichen Helfer des Vereins bauen auf einer Wiese Ferngläser auf und erklären den Gästen, was im Blickfeld liegt, wenn man hindurchschaut. Manche Objekte lassen sich auch mit bloßem Auge ausmachen. Das können die Monde des Jupiter sein, der Saturn mit seinen Ringen oder Gasnebel. An diesen „Sternwanderungen", die samstags um 18.30 Uhr bei Neumond stattfinden, nehmen gerne Familien mit Kindern teil.

Sterngucker auf der Wiese

Daneben bietet der Verein auch Führungen auf der Dr. Hans-Schäfer-Sternwarte am Stadtpark in Remscheid an, deren 30jähriges Bestehen vor kurzem gefeiert worden ist. Die Fachleute gehen nach vorheriger Anmeldung gerne auf besondere Wünsche von Schulklassen oder Jugendgruppen ein.

Bei gutem Wetter, also klarem Himmel, ist die Sternwarte mittwochs von 19.30 Uhr an auch für spontane Besuche geöffnet. Da kann man dann nicht nur den Mond und Galaxien am Himmel ausfindig machen, sondern auch viele Fragen stellen, die ruhig schlicht sein dürfen. Hier erfahren wir sogar, daß es sich in der Regel nicht lohnt, für den Jüngsten ein Fernrohr zu kaufen. Denn wirklich leistungsfähige Geräte gibt es nicht unter tausend Mark. Ein guter Feldstecher tut es auch. Und der ist erheblich billiger.

Sonntags, 14–16 Uhr, lädt der Astronomische Verein – ebenfalls nur bei „offenem Himmel" – zur Sonnenbeobachtung ein. Die sei zur Zeit besonders interessant, erklärt Dirk Gützlaff vom Vorstand. Denn wir können eine große und künftig noch zunehmende Zahl von Sonnenflecken entdecken. Das sind vergleichsweise „alte" Stellen auf der 6000 Grad heißen Sonne. Sie haben eine Temperatur von „nur" rund 4500 Grad Celsius. Spezielle Filter machen es sogar möglich, Gasausbrüche zu sehen, die so groß sind wie die Erde.

1999 steht deutschen Himmelsguckern ein Ereignis bevor, das selten ist: eine totale Sonnenfinsternis. Allerdings wird in Remscheid an diesem Tag, dem 11. August, von der Sonne noch eine schmale Sichel sichtbar sein. In Süddeutschland hingegen wird der Mond sie komplett bedecken, bis lediglich ein Strahlenkranz die dunkle Scheibe umgürtet. Dafür aber werden auch in Remscheid während des Augusts viele, viele Sternschnuppen aufleuchten.

Der Aufstieg auf den Bismarckturm, der die Sternwarte birgt, lohnt sich übrigens allemal. Denn von hier aus kann man aus etwa 20 Metern Höhe nicht nur in den Himmel blicken, sondern auch weit ins Land – bis zum Kölner Dom, ins Siebengebirge und in die Eifel. Allerdings müssen in jedem Fall zuvor 130 Stufen zurückgelegt werden.

Ein See voller Trinkwasser
Die Eschbachtalsperre

Kaum vorstellbar, daß in einer Region, in der es so viel regnet, das Wasser knapp werden könnte. Und doch ist es so. Warum, erklärt Harry Böseke in seinem Tourenbuch „Das Bergische Land": Kies- und Schotterschichten, die das Grundwasser speichern, fehlen hier, daher fließe das Naß oberirdisch ab. Nachdem die Bewohner zuvor mit dem vorhandenen Wasser gut ausgekommen waren, wurde es in Remscheid während der zweiten Hälfte des

Remscheider Talsperre

19. Jahrhunderts knapp. Denn die Bevölkerung wuchs rasch, zahlreiche Fabriken der Eisenindustrie sind auf Wasser angewiesen. So planten Unternehmer bereits im Jahr 1847, große Sammelteiche in den „oberen Teilen der Täler" anzulegen. Sie faßten dafür das Eschbachtal ins Auge. Doch die Wogen der Empörung schlugen hoch. Bewohner fürchteten, Fluten würden bei einem Dammbruch das darunter liegende Gelände verwüsten. Also wurden zunächst einmal kleinere Teiche zum Betrieb der Hammerwerke angelegt. Erst vierzig Jahre später werden neue Talsperren-Pläne gemacht. Der Aachener Professor Otto Intze kommt zu dem Ergebnis, daß man Talsperren bauen könne, um Trinkwasser zu speichern. Am 4. Mai 1889 wurde mit dem Bau der Staumauer und damit der Anlage der ersten Trinkwassertalsperre Deutschlands begonnen. Die Mauer, standfest infolge ihres großen Gewichtes, bestehen aus Grauwacke. Das Bauwerk war 1891 fertig. Nachdem es mit mehr als einer Million Kubikmeter Wasser gefüllt worden war, konnte die Talsperre 1892 in Betrieb genommen werden.

Wenig später, 1897, besuchte Prinz Friedrich Leopold von Preußen das Wunderwerk, und zwei Jahre später fand auch Kaiser Wilhelm II. lobende Worte für die Großtat.

Und Professor Intze hatte fortan viel zu tun. Nach dem Vorbild seines Projekts sind viele Talsperren entstanden, die nicht nur Trinkwasser liefern, sondern auch dem Hochwasserschutz, der Energieversorgung oder der Erholung dienen.

Rund um die Eschbachtalsperre, deren Staumauer von 1991 bis 1994 saniert wurde, ist ein Wanderweg angelegt und um einen Waldlehrpfad erweitert worden. Er beginnt am Parkplatz des Autobahnmotels Remscheid oberhalb der Tankstelle. Von da aus erreichen wir auch das „Steinerne Kreuz", um das sich eine Sage rankt. Otto Schell schreibt in „Bergische Sagen": „Vor Zeiten wurde an diesem Platze ein Bote erschlagen und ausgeraubt. Sterbend rief er seinen Mördern zu, der Himmel werde ihn durch Vögel rächen, welche gerade über sie hinflogen. Nach vollbrachter That zogen die Mörder nach dem Born (Bergisch-Born) und kehrten in einem dortigen Wirtshause ein. Hier ließen sie es sich wohl schmecken, und bald standen Krammetsvögel vor ihnen. Da bemerkte der eine, diese würden sie gewiß nicht verraten. Aber der Wirt hatte diese Worte vernommen. Er sandte zum Gericht, und bald saßen die Beiden im Kerker. So entgingen sie ihrer gerechten Strafe nicht." (Zitiert nach „Historische Schauplätze in Wuppertal, Solingen und Remscheid", Hrsg. von Klaus Goebel, Born-Verlag)

Das Steinerne Kreuz

Das Steinerne Kreuz ist 177 Zentimeter hoch und besteht aus Trachyt. Wegen seiner Größe – der Transport muß mühselig gewesen sein – wird angenommen, daß es nicht dem Andenken eines armen kleinen Boten gewidmet sein kann. Manche halten das Mahnmal für ein Sühnekreuz, errichtet aufgrund eines Sühnevertrages mit der Sippe des Getöteten.

An Talsperren wimmelt es im Bergischen und Oberbergischen geradezu. Beispielhaft genannt seien die Bever-Talsperre in Hückeswagen (mit Rundwanderweg, allen Wassersportarten außer Motorsport und einem Campingplatz), die Neye-Talsperre und die Schevelinger Talsperre. Eine schöne Wanderung zu diesen drei Stauseen beschreiben Heidi und Harry Böseke in ihrem Buch „Das Bergische Land" (Bachem Verlag)

Weiter gibt es

– die **Aggertalsperre** in Gummersbach mit Rundwanderweg und Gelegenheit zum Segeln, Rudern, mit Bootsverleih, Naturfreibad und Campingplatz

– die **Wuppertalsperre** in Hücheswagen/Radevormwald mit Wander und Radwanderwegen, allen Wassersportarten, Kanu-Verleih und Camping

– die **Bruchertalsperre** in Marienheide mit Rundwanderweg, allen Wassersportarten außer Motorsport und Camping-platz)

– und die **Lingesetalsperre** in Marienheide mit Rundwander-weg, allen Wassersportarten außer Motorsport und Campingplatz.

Reine Trinkwassertalsperren sind:

– die **Wiehltalsperre** in Reichshof mit Wanderwegen

– die **Neyetalsperre** in Wipperfürth mit Rundwanderweg

– die **Schevelinger Talsperre** in Wipperführt mit Rundwan-derweg

– und die **Genkeltalsperre** in Gummersbach, ebenfalls mit Rundwanderweg.

Der gläserne Mensch

Das Röntgenmuseum in Lennep

Wilhelm Conrad Röntgen ist einer jener Wissenschaft-ler, die in der Schule nicht so gut zurechtgekommen sind und doch später durch bahnbrechende Arbeiten welt-berühmt wurden. 1901 erhielt er den Nobelpreis für Phy-sik, den ersten Nobelpreis überhaupt. Dabei hatte Rönt-gen kein Abitur machen können, weil er trotz guter Zeugnisse aufgrund eines Irrtums von der Schule flog.

Röntgens Geburtshaus

Und das kam so: Ein Mitschüler hatte eine Karikatur von einem Lehrer gezeichnet. Röntgen wurde dabei erwischt, wie er sich ganz versunken das Kunstwerk anschaute, und deshalb wurde er für den Übeltäter gehalten. Er wollte seinen Klassenkameraden nicht verraten und mußte die Schule verlassen. Schließlich durfte er doch noch studieren. 1895 entdeckte er jene bis dahin unbekannten **Strahlen,** die dann nach ihm benannt worden sind: Die Röntgenstrahlen, mit deren Hilfe Ärzte zum Beispiel den Verlauf eines Knochenbruchs eindeutig feststellen können. **Das Deutsche Röntgenmuseum** pflegt das Andenken an den großen Sohn Lenneps, das heute zu Remscheid gehört. Es bemüht sich aber auch, das Thema **„Röntgenstrahlen"** und weitere Bereiche der Physik so darzustellen, daß sie von möglichst vielen Laien verstanden werden.

Welche Möglichkeiten die Röntgendiagnostik bietet, macht die **„gläserne Frau"** deutlich: Krankhafte Veränderungen an Organen können beim „Durchleuchten" erkannt werden. Wir bekommen aber auch anhand von Geräten einen Einblick in die Röntgentherapie: Denn diese Strahlen werden auch dazu verwandt, Krebszellen zu zerstören. Dies wiederum macht deutlich, daß man mit dieser hochwirksamen Strahlung sehr sorgfältig umgehen muß, um Schäden an gesundem Gewebe zu vermeiden. Ohne Strahlenschutz besteht die Gefahr, daß Röntgenstrahlen die Erbanlagen in Zellen verändern. Erklären können wir uns das im Museum an einem Modell des Desoxiribonukleinsäure-Moleküls, kurz als **DNS** bezeichnet und mit „Baustein des Lebens" übersetzt. Lange ist man mit den Strahlen ausgesprochen leichtsinnig umgegangen. Viele erinnern sich noch an den „Schuh-Durchleuchtungs-Apparat", der früher in vielen Schuhgeschäften stand. Da konnte man sehen, ob die Kinderstiefel auch wirklich paßten. Doch diese Geräte, die erst 1976 verboten wurden, hatten keinen Bleischutz. Das heißt: Die Strahlung konnte nicht, wie heute, sorgsam niedrig dosiert oder – wie bei den Gepäck-Durchleuchtungs-Apparaten am Flughafen – ganz ausgeschlossen werden.

Röntgen selbst hat – soweit sich das feststellen läßt – übrigens keine Strahlenschäden erlitten, wohl aber viele Ärzte, die in den ersten Jahren und Jahrzehnten mit Strahlen arbeiteten. Es sind etwa 400 Namen von Medizinern, Forschern, Technikern und Laboranten bekannt, die durch den Umgang mit Röntgenstrahlen ihr Leben lassen mußten. Und an diese Risiken – nicht zuletzt auch die Gefahr des Sonnenlichtes – erinnert das Museum ebenfalls. Die Mitarbeiter des Museums beteiligen sich im übrigen an Strahlenschutzlehrgängen.

Denn Röntgenstrahlen werden nicht allein in der Medizin eingesetzt. Wozu sie sonst noch dienlich sind, zeigt die Ausstellung im Museum. So können mit ihrer Hilfe

Die „gläserne Frau"

Wilhelm Conrad Röntgen

Das Röntgen-Museum

Kunstwerke untersucht werden. Dabei läßt sich unter anderem der Aufbau eines Gemäldes erkennen. So kann man Original von Fälschung unterscheiden. Röntgenstrahlen werden auch genutzt, um zu überprüfen, ob Nahtstellen zwischen verschweißten Rohren, zum Beispiel Gaspipelines, absolut dicht sind. Eindrucksvoll sind darüber hinaus die Röntgenbilder vom Inneren einer Mumie: Würde man sie auseinandernehmen, um ihr Inneres zu erkunden, zerfiele sie.

Extras:

Neben den üblichen Führungen bietet das Museum für **Schulklassen** einen speziellen Service zum Thema „Radioaktivität und Röntgenstrahlen". Alle erforderlichen Geräte und Unterrichtsmaterialien hält das Museum bereit. Fachlehrer können den Unterricht also dort halten. Dabei helfen die Museumsmitarbeiter.

Was es sonst noch gibt in Remscheid

Das Freizeitbad H2O

Nasser Spaß mit Nervenkitzel

Das Sauna- und Badeparadies in Remscheid Lennep bietet zu jeder Jahreszeit eine beinahe 2000 Quadratmeter große Wasserwelt mit vielen Attraktionen. Auf dem **„Crazy-River"**, einem 60 Meter langen Wildwasserfluß, können Besucher durch eine Felsenlandschaft jagen. Nicht ohne ist auch die drei Meter lange **Steilrutsche**. Spaß haben Große und Kleine darüber hinaus im Wellen- und dem Erlebnisbecken. Anders als andere Spaßbäder wartet das H2O zudem mit einem **wettkampfgerechten 25-Meter-Becken** auf, das innen sechs und außen vier Bahnen hat. Springen kann man von einem oder von drei Meter Höhe. Gut bedient werden auch die Jüngsten: mit je einem **Planschbecken** drinnen und draußen sowie einem **„Schiffchenkanal"**. Wickeltische und Fläschchenwärmer sind ganz in der Nähe untergebracht.

Eine besondere Attraktion sind die **Natursolebecken**, deren Salzgehalt mit der Nordsee vergleichbar ist. Sehr gesund! Zudem gibt es auch noch eine Saline. Das Einatmen des Sole-Nebels empfielt sich insbesondere Asthma- und Bronchienkranken.

Mehrere Schwitzbäder enthält der große **Saunabereich.** Dort finden wir sogar Eiswürfel zum Abkühlen. Sehr schön der **weiträumige** Außenbereich auch der Sauna.

Im Restaurant kann man nach dem Schwimmen oder Schwitzen lecker essen.

Das Tuchmuseum Lennep

Das Tuchmuseum in Lennep, hervorgegangen aus dem Textilmuseum Wülfing, bewahrt heute die Geschichte der Tuchindustrie im Bergischen Land. Sie hatte sich entwickelt, weil die kargen Böden nicht genug für den Lebensunterhalt hergaben. Das Museum bietet Einblick in folgende Bereiche:
„Handelshäuser – Brücken zu neuen Märkten",
„Tuchmacherhandwerk – Wegbereiter der Industrialisierung" (Vom handgesponnenen Faden bis zum gewebten Stück Tuch, Ablauf der Produktion von Streichgarn, Kammgarn und der Weberei),
„Die Wupper – Wiege der Lenneper Tuchindustrie" (Wachsende Industrie an den Ufern der Wupper: Der Fluß liefert Energie, Wasser und Feuchtigkeit, Elektrizitätswerke entstehen), *„Lennep – Die Stadt der Tuchmacher",*
„Private Initiative – Soziale Verantwortung der Unternehmer" (Arbeiterwohnhäuser, die Kolonie in Lennep, soziale Einrichtungen als Stiftungen Lenneper Unternehmer) und
„Lenneper Tuchindustrie – Mode und Farben in 100 Jahren".

Deutsches Werkzeugmuseum

Das Deutsche Werkzeugmuseum, das einzige dieser Art in Deutschland, zeigt, wie sich das Werkzeug von der Stein-, Bronze- und Eisenzeit bis zum Ausgang des 19. Jahrhunderts entwickelt hat. Da findet sich alles, vom

Faustkeil über die ekektrische Handbohrmaschine bis zu modernen Sonderwerkzeugen. Historische Werkstätten lassen noch etwas ahnen von den Arbeitsbedingungen vergangener Tage, dem Leben der Arbeiter, Werkmeister und Fabrikanten. Einblicke bekommt man auch in die Herstellung von wertvollem Werkzeugstahl.

Städtisches Heimatmuseum

Das städtische Heimatmuseum in Remscheid-Hasten, untergebracht in einem schönen Rokoko-Haus, gibt Einblicke in die bergische Wohnkultur des 18. und 19. Jahrhunderts.

4. Erlebnis Wupper

Ein Fluß wäscht sich sauber
Ausflüge an den Ufern des Bergischen Stroms

Kein anderer Fluß im Lande führte wohl so viele Beinamen wie die Wupper: **fleißigster Fluß Deutschlands, schwärzester Fluß Deutschlands, Tintenstrom, Kloake.** Alle hatten ihre Berechtigung. Denn weil die Wupper so fleißig war, wurde sie auch so dreckig. Was da so ahnungslos bei **Marienheide** aus dem Boden quirlt, das läßt sich nach 113 Kilometern in **Leverkusen** erschöpft vom **Rhein** mitnehmen. Auf ihrem Weg von Ost nach West muß sie wirklich tüchtig arbeiten. Fast eine Million Menschen wohnen heute in ihrem Einzugsbereich. Unzählige lebten einst von ihr: Bleicher, Färber, Müller, Schleifer und schließlich ganze Fabrikbelegschaften. Den Fischern allerdings ging während der letzten 150 Jahre die Luft aus, das heißt ihrer Beute wurde der Sauerstoff zwischen den Kiemen knapp.

Unterhalb der Müngstener Brücke trieben früher stinkende Schaumkronen auf den Wupperwellen. Heute machts Spaß, am seichten Ufer zu sitzen und durch das klare Wasser wieder bis auf den Grund zu sehen

Gottlob haben die Menschen erkannt, daß diese Entwicklung auch ihnen selbst gefährlich wird. Und so hat der fleißige Fluß den Höhepunkt seiner Verschmutzung inzwischen hinter sich gelassen. Von wenigen wurde viel getan, um ihn am Leben zu halten. Viele werden hoffentlich noch mehr tun, um ihn wieder ganz gesunden zu lassen.

Ausflüge an die Wupperufer endeten noch vor 30 Jahren wie ein Picknick mit Stinkbombeneffekt.

Diese Zeiten sind wirklich vorbei. Mehr als das, die Fische kehrten zurück. Sogar Flußkrebse wurden wieder gesichtet. Derzeit werden Fischtreppen für die Rückkehr der Lachse hergerichtet. Teilweise führt der Flußlauf durch den Naturpark Bergisches Land. In den Wupperwiesen ist es wieder erholsam. Wo sich Bachstelzen, Graureiher und sogar Kormorane wohlfühlen, ist es sicherlich keine Zumutung, behutsamen Großstädtern Ausflüge vorzuschlagen.

Ausflüge entlang der Wupper haben einen ganz eigenen Charakter. Mal erschließen wir den Fluß zu Fuß, mal mit dem Fahrrad, dem Auto oder der Schwebebahn. Oder wir legen uns einfach ins Gras und lassen ihn an uns vorbeiziehen. Nicht nur unsere Fortbewegungsart wechselt, auch das Gesicht des Stroms, sogar sein Name wechselt: die junge Wipper wird zur gesetzteren Wupper. Mal „woget sie auf steinigem Weg", wie es im Bergischen Heimatlied heißt, mal läßt sie sich zum breiten See stauen. Mal „rinnet die Quelle aus moosigem Stein" (Berg-Heimatlied), mal stockt sie vor breiten Stauwehren. Sie grüßt Burgen und Schnellstraßen, streift Wälder und Meisterwerke der Technik, und ihre Ufer lassen die Flora ebenso üppig blühen wie die Sagenwelt.

Auf halbem Wege bis zur Mündung

Natürlich reizt es, der Wupper tatsächlich von der Quelle bis zur Mündung nachzugehen. Schön, wer sich das einrichten kann. Doch ein Hauch davon ist auch als „Reise im Kopf", beim Lesen, spürbar. Wir wollen uns ihr hier ab Solinger Stadtgrenze als Begleiter zugesellen. Wer die Leseabschnitte und die Ausflüge – auch mit größeren Unterbrechungen – aneinanderreiht, wird dem Strom des Bergischen Landes schon recht nahe kommen. Setzen wir die zitierte zweite Strophe aus dem **Bergischen Heimatlied** in der romantischen Sprache des vorigen Jahrhunderts wie einen Kurzlebenslauf des Flusses voran.

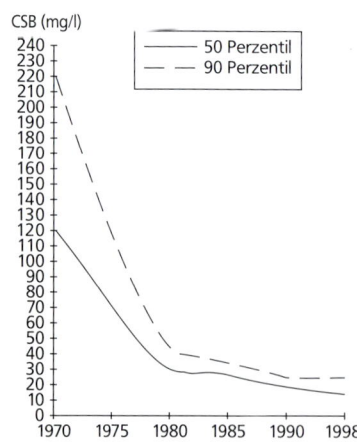

Rückgang der
Wupperverschmutzung
von 1970 bis 1998

„Wo die Wupper wild woget auf steinigem Weg,
an Klippen und Klüften sich windet der Steg,
wo der rauchende Schlot und der Räder Gebraus,
die flammende Esse, der Hämmer Gesaus
verkünden und rühmen die fleißige Hand:
da ist meine Heimat, mein Bergisches Land."

Und stellen wir eine nüchterne, jedoch erfreuliche Statistik aus dem Wasserlaboratorium zur Seite. Grafik und Ergebnisse wurden freundlicherweise von der **NAG**, „Notgemeinschaft Abwassergeschädigter bergischer Bäche und der unteren Wupper" e.V., zur Verfügung gestellt. Deren über 30jähriger Einsatz trug viel dazu bei, daß die Verschmutzungskurve der Wupper drastisch sinken konnte.

Unser Tip

Für Kinder schlagen wir etwas vor, was in manchen Ohren vielleicht verpönt klingt: Die Wupper darf hin und wieder personifiziert werden, nach dem Motto ein Fluß erzählt. Wurde diese Erzählform einst verkitschend übertrieben, machte sich anschließend allzu spröde Sachlichkeit breit. Ein „Vermenschlichen" („Anthropomorphisieren") von Natur wird problematisch, wenn es nicht aufgelöst wird und nur der Verniedlichung dient. Es ist aber für Kinder hilfreich, Naturschönheiten und Probleme der Umweltverschmutzung auch mal identifikatorisch aus der Innenschau zu begegnen. Wo dies gelingt, sind manche sogar gewillt, „ihren Fluß" sogar im Quell- und Mündungsbereich zu begleiten, obwohl es dort eher nach Sonntagnachmittagsspaziergang denn nach Erlebnislandschaft riecht.

Eine liebenswerte Rarität auf diesem Gebiet ist ein Büchlein über einen anderen bergischen Fluß: „Die Dhünn erzählt" von H. Plönes (Alois Henn Verlag). Es ist vermutlich nur noch antiquarisch zu bekommen und mit der Distanz von Jahrzehnten zu lesen. Dennoch sei dieses erzählende Kleinod empfohlen.

Initiativen wie die NAG halfen mit, daß man heute wieder gefahrlos am Wupperufer spielen kann

High-Tech bis Mittelalter
Von Müngsten nach Burg

Die 3 Kilometer zwischen Müngstener Brücke und Schloß Burg sind das touristische Filetstück der Wupper. Ein reiner Fußweg, gut ausgebaut. An einigen Holperstellen für Kinderwagenschieber beschwerlich, für Mountainbiker reizvoll, überwiegend jedoch in der Kategorie „Spaziergang" angesiedelt.

Von mehreren Varianten schlagen wir zwei Möglichkeiten vor:

Für Spaziergänger wie Geländeräder, für alt und jung stets attraktiv sind die Wanderwege um die Müngstener Brücke

A) Als Rundweg für einen erweiterten „Sonntags-spaziergang"

Mit Bus oder Auto bis Müngsten. An den Verkaufs-buden unter der Brücke vorbei in mäßiger Berg- und Talbahn immer rechts der Wupper entlang auf Wander-weg **N**. Am „Wiesenkotten" wird die Wupper über-quert, noch ca. 1 km auf Weg **S** bis zur Ortschaft Unter-burg.
Der Rückweg kann ganz am linken Ufer (Wegzeichen^) entlang führen. Die Wupper überqueren wir dann erst

bei Müngsten um zum Parkplatz oder zur Haltestelle zu gelangen.
Länge: ca. 7 km
Zeitdauer: ca. 2 Std. (ohne Aufenthalt in Burg)

B) Als „Einwegstrecke" mit Kindern
Ca. 7 km, als Halb- oder Ganztagsausflug

Diese Streckenwahl empfehlen wir für Gruppen mit Kindern. Denn Kinder peilen gerne ein Ziel als Schluß- und Höhepunkt einer Wanderung an. Ein Aufstieg zur Burg und deren „Eroberung" (s. Kapitel „Erlebnis Mittelalter") ist dafür gut geeignet. Danach sind die Jüngeren auch verbraucht, und die Kraft reicht nicht mehr für den Rückweg. Den besorgt dann der öffentliche Nahverkehr für uns.

Eine Burgeroberung als Höhepunkt

Mit Bus oder Auto fahren wir bis zur Ortschaft **Solingen Krahenhöhe** (die Haltestelle heißt auch so). Zu Fuß die Schabergerstraße hinunter. (Wer mit unserem Kapitel über die **Solinger Schneidwaren** schon vertraut ist, wird links und rechts typische Familien-Kleinbetriebe des metallverarbeitenden Gewerbes entdecken). Die ausgebaute Straße endet am **Bahnhof Schaberg.** Wir nähern uns der **Müngstener Brücke** seltenerweise also mal „von oben". Später, unten im Tal angekommen, sind Kinder stolz, wenn sie sich vor Augen führen, daß sie eben noch auf Höhe der Gleise waren. Den imponierend erscheinenden Höhenunterschied von 107 Metern haben die kleinen Füße schon mal geschafft!
Am Bahnhof Schaberg fahren übrigens die Regionalverkehrszüge Richtung Remscheid ab. Unmittelbar hinter dem Bahnsteig bummelt der Zug über die Müngstener Brücke. Ein lohnenswerter Ausblick!
Nach dem Bahnhof führt links ein Feld- und Wiesenweg mit deutlichem Gefälle nach Müngsten ab. Unterwegs verzweigt er sich zwar zu verschiedenen Streckenvarianten, doch verlaufen kann man sich nicht. Alle Wege führen ins Tal der Wupper. Mit Kindern ist jenes Teilstück besonders reizvoll, das am mächtigen Fundament eines Brückenpfeilers vorbeiführt. Die riesigen Schrauben, das verwirrende Stahlskelett, der starke Betonsockel auf fel-

sigem Untergrund flößen Respekt vor der technischen Leistung ein. Fotomotive und „Felsbesteigungen" animieren Groß und Klein zu einem Zwischenstopp.

Für eine große Pause ist auf den Plätzen unterhalb der Brücke Gelegenheit. Selbst mit jungen Kindern ist dieses erste Teilziel spätestens nach 1 Stunde erreicht. Bänke laden zum Picknick ein. Wir haben über Jahre hinweg gute Erfahrungen an den Tischen in der Nähe der Minigolfanlage gemacht. Dort lockt auch ein Zugang am seichten Wupperufer zum „Steinchenwerfen", Fische beobachten oder Fotografieren. Und für bergische Schleckereien und Infomaterial hat sich die benachbarte Verkaufsbude des Ehepaars Böhm als kinder- und wandererfreundlich erwiesen. Sie halten auch ein wachsames Auge darauf, daß die im Jubiläumsjahr 1997 („100 Jahre Müngstener Brücke") aufpolierten Anlagen ansehnlich bleiben. (Näheres zur Brücke am Ende dieses Kapitels).

Nach der Stärkung geht's über Wanderweg **N** immer geradeaus (wie auf dem Rundweg) auf **Schloß Burg** zu. Die 3 Kilometer sind in 1 Std. zu schaffen. Mit Kindern darf man sich aber auch gerne die doppelte Zeit lassen. Denn rechts des Weges locken immer wieder Quellbäche (kein Trinkwasser!) und Felspartien zur hautnahen Naturerkundung. Auf der großen Felswand links vor Unterburg kann eine feucht-lehmige Hose wieder trocken gerutscht werden.

Aufstieg nach **Schloß Burg** und Besichtigung lesen wir im Kapitel **„Erlebnis Solingen"** nach. Nach etwa 2 Stunden auf dem Burgberg sind auch die Erwachsenen froh, daß in Unterburg einer der typischen Solinger Oberleitungsbusse für die Rückfahrt bereit steht.

Wer zum Startpunkt mit dem Auto anreiste, verläßt den Bus nach 7 Stationen an der Haltestelle „Krahenhöhe" und wird in der Schabergerstraße sein parkendes Gefährt wiederfinden.

Dauer als **Familien- oder Klassenausflug** inklusive Burgbesteigung und -besichtigung: 4–5 Stunden, je nachdem, wieviel Kletter- und Rutschpartien unterwegs eingelegt wurden.

7 km Wanderstrecke.

Hier starb der Wanderer „Irgendeiner" er verschmutzte die Umwelt wie sonst keiner da zürnten die Geier ganz und gar und fraßen ihn auf mit Haut und Haar. Und willst Du nicht der Nächste sein pack alles in den Rucksack ein!

Die Naturschützer vom Kiosk unter der Brücke setzen sich auch mit drastisch-spaßigen Mitteln für saubere Wanderwege ein

Extras:

Die Eisenbahnbrücke zu Müngsten

Manche Geschichten halten sich ewig, obwohl sie völlig falsch sind. So ist das nun mal mit großen technischen Meisterleistungen, die ans „Unmenschliche" grenzen. Da kann doch was nicht stimmen!

Als man Ende des 19. Jahrhunderts daran ging, den Höhenunterschied von 107 Metern über der Wupper mit einer Brücke von fast einem halben Kilometer Länge zu überspannen, war das eine Sensation, nicht nur im Bergischen Land. Wer so kühne Konstruktionen wagte, überzog das Menschenmögliche! An den Teufel glaubte man inzwischen zwar nicht mehr. Doch so ganz ohne Schauergeschichten mochte man auch nicht auskommen. Einen Planungsfehler von wenigstens einem, aber entscheidenden Zentimeter wollte man dem Ingenieur unterjubeln, woraufhin dieser sich von der Brückenmitte in den Fluß gestürzt haben soll.

Starkes Felsgestein trägt den wuchtigen Pfeiler. Ein idealer Zwischenstop auf dem Weg ins Tal

Die Geschichte ist solch ein Unfug, daß wir ihr schnell mit wahren Fakten zu dem imposanten Bauwerk begegnen wollen: 1894 begann man auf Remscheider wie auf Solinger Seite mit den Fundamentarbeiten für die Pfeiler und mit dem Bau einer 31 m hohen Behelfsbrücke. Sie überspannte als Arbeitsbühne die Wupper. Dann wuchs die Stahlkonstruktion von beiden Seiten aufeinander zu. Im März 1896 kam der spannendste Augenblick: der Bogen wurde geschlossen. Der letzte Niet (war es wirklich ein goldener?) paßte haargenau! Die Schienen konnten von beiden Seiten verlegt werden, ohne jeden noch so winzigen Hubbel.

Europas höchste Brücke

Als sie am 6. Juli 1897 den Belastungen der ersten Lokomotive standhielt, war Europas damals höchste Brücke fertig. Die stand nun mitten im Bergischen Land. Ihre Stahlkonstruktion glich sehr einem anderen Technikwunder jener Zeit: dem Pariser Eiffelturm, acht Jahre zuvor erbaut. Stolz hieß es, in Müngsten stehe die „deutsche Antwort auf den Eiffelturm". Solch majestätische Dimension mußte natürlich – so war das vor 100 Jahren – nach Deutschlands Kaiser benannt werden. „Kaiser-Wilhelm-Brücke" wurde sie „getauft", und so hieß sie bis 1923. Ein Vertreter des Kaiserhauses ließ sich im festlich geschmückten Eröffnungszug von Solingen nach Remscheid fahren.

Rund 5000 t Stahl wurden nun durch fast 1 Million Nieten zusammengehalten. 75000 m^2 Eisenfläche müssen seitdem immer erneut gegen Rost gestrichen werden. Der mühsame Weg über die Wupperberge verkürzte sich zwischen den

Eine technische Meister-
leistung ist die
Müngstener Brücke.
Auch die Methode beim
Bau sorgte schon
für Aufsehen

benachbarten Handelsstädten um viele Stunden. Eine
große Erleichterung, die dem wirtschaftlichen Aufschwung
diente.

Ein Meisteringenieur

Ausgeführt haben die Arbeiten Männer der Firma MAN. An
deren Spitze stand als planender Ingenieur Anton Rieppel. Er
sollte noch mit einem weiteren technischen Bauwerk Weltruhm erlangen – der Wuppertaler Schwebebahn.

Anton Rieppel hatte also überhaupt keine Veranlassung, sich
verzweifelt von der Brücke zu stürzen. Tatsache ist aber leider,
daß während der Bauzeit sechs Menschen bei Unfällen zu
Tode stürzten.

Wer nun doch nicht so ganz ohne Fantasiegeschichte auskommen mag, der kann sich ja die niedliche Geschichte vom „Gol-
denen Niet" auf Video ansehen. (Den WDR-Beitrag gibt es u.a.
am Kiosk zu kaufen.)

Unser Tip

Mehrfach überqueren Nahverkehrszüge die Müngstener
Brücke. Es lohnt sich – an einem anderen Tag – mal die wenigen
Kilometer zwischen Bahnhof Schaberg (Solingen) und Gülden-
werth (Remscheid) hin und zurück zu fahren.

Kinder schauen durchaus mit Interesse Bilder aus der Bauzeit
der Brücke an. Die Faszination zweier aufeinanderzuwachsen-
der Brückenseiten reizt nicht nur Jungen, die kühne Konstruktion zu Hause (etwa mit Legosteinchen) nachzubilden.

Kotten-Tour per Fahrrad

Von Burg nach Wipperaue

Gut erschlossene Wege mögen auch Ungeübte für diese Strecke motivieren. Und ganz Vorsichtige können sie in vielen Unterteilungen erschließen, etwa als Rundweg auf dem Sonntagsspaziergang entlang der beiden Ufer-seiten, mal auf Solinger, mal auf Leichlinger Gebiet. Die markanten Ortschaften Glüder, Wupperhof, Rüden, Friedrichsaue locken nicht nur mit Gastronomie, son-dern auch mit geräumigen Parkplätzen. „Park and bike" hat auch an der Unterwupper Einzug gehalten.

Unterhalb von Schloß Burg, in Unterburg, begleitet uns der Kiepenkerl

Für Gruppen mit Kindern um 10 Jahre schlagen wir sie hier als Fahrradtour vor. Sie ist überwiegend autofrei und damit für die stets vorausflitzenden Energiebündel auf weiten Strecken sicher. Andererseits bietet sie stel-lenweise noch einen Hauch von Cross-Erlebnis, denn durchgehende Asphaltwege dürfen wir nicht erwarten. Es gibt kaum Gelegenheiten, sich zu verfahren. Es geht immer flußabwärts.

Nicht nur die Gastronomie lädt unterwegs ein, sondern auch zahlreiche Stellen für Picknick; Gelegenheit zum Spiel am seichten und inzwischen recht sauberen Wupperufer inbegriffen (natürlich stören wir nicht die Brutstätten). Hofhunde und Tierhaltung vereinzelter Gehöfte künden hörbar die Stationen zwischen steilen Wupperbergen und sanfter Flußauen an.

Malerische Fachwerk-häuser in der kleinen Ortschaft Balkhausen

Start beim Brezelbäcker

Wir starten in **Unterburg** beim Brezelbäcker-Denkmal und halten uns, vorbei an der Seilbahnstation, immer rechts der Wupper. Die historischen Schleifkotten bei **Balkhausen** und **Wipperaue** sind natürlich „ein Muß", zumindest für eine Kurzbesichtigung. (Ausführlich sind sie im Kapitel „Erlebnis Solingen – Starke Frauen und flei-ßige Zwerge" beschrieben.)

Von den einst zahlreichen Stauwehren in der Wupper passieren wir nur noch wenige. Die meisten wurden gesprengt. Sie sind ein Hinweis auf die einst 26 Schleiferkotten am Ufer, für deren schwere Wasserschlagräder der Druck durch das Staugefälle erhöht wurde. Heute sähe man gerne wieder mehr dieser kleinen Wasserfälle, gibt ihr Spritzen doch dem Fluß Gelegenheit, sich mit Sauerstoff anzureichern.

Zoppesmur und Rüdenstein

Zwei Ziele auf dem linken Flußufer lohnen ab **Obenrüden** einen Wechsel auf die Leichlinger Seite: das **Rüdendenkmal** und die Ruine **Zoppesmur** bei **Leysiefen,** kurz vor dem Ziel. Letztgenannte weist heute nur spärliche Überbleibsel auf. Es sind die Reste der einstigen Hügelanlage mit Burg, eine „Motte". Auch hierüber spannen sich blutrünstige Sagen, ebenso wie über Haus Nesselrath, das wir links streifen, bevor wir über die breite Autobrücke wieder ans rechte Wupperufer zum Ziel, dem **Wipperkotten,** gelangen.

Für Kinder allemale anschaulicher und anrührender ist jedoch die Rüden-Sage, die Geschichte vom treuen Jagdhund, der seinem Herrn das Leben rettete und zum Dank ein Denkmal, den Rüdenstein, gesetzt bekam. Eine Tour mit Kindern kann daran nicht vorbeigehen.

Etwa gut auf der Hälfte unserer Strecke führt in Obenrüden eine Brücke zum schroffen Denkmalfelsen, der einst Schauplatz einer traurigen Geschichte hätte werden können, wäre da nicht des Herzogs kluger Hund gewesen. Hier die Sage, wie sie von Paul Weitershagen in „Die Bergische Truhe", Greven Verlag, erzählt wird:

Extras:

Sage

Der Rüdenstein

„Die Jagd ist zu Ende, die Hifthörner blasen. Ein Ruf, der auch dem eifrigsten Weidmann gefällt, wenn tiefer Schnee das Roß bis zum Bauch versinken und schneidender Wind das Blut in den Adern erstarren läßt.

Den jungen Herzog Robert von Berg jedoch lockt der warme Kamin noch nicht. Was kümmern ihn Dämmerung, Kälte und Schnee! Sein Blut ist vom Jagdeifer heiß. Nur von einem Rüden begleitet, hetzt er sein Roß hinter einem Zwölfender her. Die Brust des mächtigen Wildes durchpflügt den Schnee. Spürt es festen Grund unter den Hufen, schnellt es mit federnden Sprüngen dahin. Plötzlich ist es dann hinter einer stäubenden Wolke von Schnee verschwunden.

So wie auf dem Denkmal könnte der brave Rüde ausgesehen haben, der seinem Herrn das Leben rettete

Der Herzog kann sein Roß nicht mehr zügeln. Es sprengt in das Gestäube, schießt über einen Felsen hinaus, überschlägt sich, wirft im Sturz seinen Reiter ab und zerschmettert im Geröll am Ufer der Wupper. Der Herzog ist in eine Schneewehe geschleudert worden und liegt betäubt. Nach langem weckt ihn ein klägliches Jaulen. Eine feuchtwarme Zunge beleckt sein Gesicht, seine Hände. Der Rüde ist es. Der Herzog bewegt sich. Der Hund bellt freudig, dann ist er plötzlich verschwunden. Der Herzog will sich aufrichten. Seine Glieder versagen. Lange liegt er, und die Kälte löscht langsam alles Leben in ihm. Dann kommen Hundegebell und Stimmen von ferne. Plötzlich flammen Fackeln um ihn; er will sprechen. Da schwinden ihm jäh die Sinne. Als er wieder erwacht, liegt er in seiner Kammer.

Er will wissen, wie er hierhergekommen ist. Man berichtet ihm:

Als die Hifthörner bliesen, kehrte der Herzog nicht zurück. Immer und immer wieder riefen sie, und schon wollten die Jäger die dunkelnden Wälder absuchen, da sprang der Rüde herbei. Er umkreiste sie, bellte kläglich, bis sie ihm folgten, und so fanden sie ihren Herrn. Er lag in einer Schneewehe am Fuße des Felsens, von dem er abgestürzt war. Wenig weiter zum steinigen Ufer der Wupper hin stießen sie auf das zerschmetterte Roß und einen -verendeten Hirsch. Da wußten sie, was geschehen war. Sie fertigten aus Ästen schnell eine Trage und brachten damit den Verletzten aufs Schloß.

Der Herzog machte eine Weile die Augen zu. Dann wünschte er, seinen Hund zu sehen. Als man das Tier in die Kammer ließ, sprang es gleich auf das Krankenlager und beleckte seinem Herrn die Hände. Seitdem wich es nicht mehr von seiner Seite.

Sobald der Herzog genesen war, ließ er in den Felsen über der Wupper das Bildnis seines Hundes hauen. Die Jahrzehnte zermürbten und zerstörten den Stein. Damit aber die Treue des Hundes niemals vergessen würde, errichtete man an dem Hang, wo sich bei Solingen der Herzbach in die Wupper ergießt, auf hohem Sockel ein neues heute steinernes Bild. „Am Rüden" heißt die Stelle.

Den Ur-Rüden von 1424 hat inzwischen Denkmal Nr. 2 von 1924 ersetzt.

Unser Tip

Mit dem Fahrrad

Auto mit Fahrraddachgepäckträger am Parkplatz Unterburg (Seilbahn) stehen lassen. Wer die Tour in umgekehrter Richtung machen will, findet am Wipperkotten Parkgelegenheit.

Strecke hin und zurück 27 km. Wer für den Rückweg beim Wipperkotten das rechte Flußufer wählt, muß anfangs leider ein unangenehmes Stück Landstraße in Kauf nehmen.

Zu Fuß

Natürlich kann die Strecke auch erwandert werden: 13 km.
Mit Bus Nr. 683 bzw. 653 Unterburg anfahren
Ab Wipperaue/Hasenmühle mit: Bus Nr. 250 der Fa. Gebr. Wiedenhoff nach Solingen (oder Gegenstrecke Richtung Leverkusen, Köln) zurück.

Spiele im Gelände

Wenn Zeit, Kondition und Lust für Spiele in den Wupperwiesen bleibt, hier einige Empfehlungen.

Fast scheut man sich, so bekannte Kinderspiele wie „Bäumchen-wechsel-dich" oder „Plumpsack" zu nennen. Andererseits geht die Kenntnis solch simpler Gruppenspiele im Freien mehr und mehr verloren, so daß wir sie hier skizzenhaft in Erinnerung rufen wollen:

Plumpsack

Alle Spieler stehen im Kreis. Ein Spieler geht als „Plumpsack" außen um den Kreis herum und läßt möglichst unaufällig hinter einem der Kreissteher ein Taschentuch fallen. Sobald der das Tuch hinter sich entdeckt, hebt er es auf und versucht, den „Plumpsack" zu fangen. Er hat dazu aber nur während einer Runde Gelegenheit, denn jener ist in „Freio", wenn er den Platz seines Verfolgers im Kreis einnehmen kann. Wird er nicht gefangen, wird der Verfolger neuer „Plumpsack". Im Sprechgesang warnen die Kreiskinder vor voreiligem Umdrehen: „Kinder, dreht euch nicht herum, denn der Plumpsack geht herum. Wer sich umdreht oder lacht, kriegt den Buckel voll gemacht!"

An vielen Stellen laden die Wupperwiesen zu Gruppenspielen ein

Bienenvolk

Auf der Wiese wird ein Spielfeld grob abgesteckt oder auch nur „gedacht". Alle Spieler innerhalb des Feldes schwirren kreuz und quer als Bienen umher, berühren sich dabei nicht. Der Spielleiter ruft plötzlich „drei", „vier", oder „fünf". Sofort versuchen die Spieler, in Gruppen zu 3, 4 oder 5 zusammenzufinden, sie werden ein „Bienenvolk". Wer übrig bleibt, scheidet aus.

Siamesische Zwillinge

Zwei Spieler sind durch einen Einmachgummi oder ein Band mit je einem Bein aneinander gebunden. Sie versuchen, gegen ein anderes „siamesisches Zwillingspaar" zu laufen oder einen Ball um einen Wendepunkt herumzudribbeln.

Der Fluß ist müde
Von Leichlingen nach Leverkusen

Unser letzter Wupperausflug hat nur begrenzt mit dem Bergischen Land zu tun. Wir empfehlen ihn hier mehr der Vollständigkeit wegen. Nach so langer Wegbegleitung möchte mancher auch gerne erleben, wie der Fluß in den großen Rheinstrom eintaucht.

Obgleich es nun durch Städte geht, sind es grüne Wege, z.T. auch hervorragend fürs Fahrrad geeignet. Die Leichlinger und Leverkusener haben die Wupper auf ihren letzten Kilometern in ihre örtlichen **Naherholungsgebiete** integriert. Das ist gepflegt anzusehen, für Kinder jedoch – trotz der eingelassenen Spielplätze – nicht unbedingt aufregend. Allein das Waldgebiet zwischen Leichlingen und Opladen mag den hier ansässigen Jungen und Mädchen als urwüchsige Spiellandschaft dienen. Doch dazu benötigen sie keine Anleitung. Ob die Brachen an der Wupper noch Schauplatz für „Räuber- und Gendarm-Spiele", Schnitzeljagden und Pfadfinderübungen sind? Heute reizen die sanft auslaufenden Hügel wohl eher als Crossradstrecken.

Prächtige und mannshohe Herkulesstauden („Bärenklau") säumen die Wupperufer

Am Wipperkotten verlassen wir das Solinger Gebiet, dessen Südgrenze die Wupper während der letzten 10 km war. Eine Wegbeschreibung ist nicht nötig. Wir bleiben nah am Ufer.

Vorbei an der sehenswerten, typisch **bergischen Kirche** (hier war man überwiegend evangelisch) durcheilt die Wupper das Zentrum von Leichlingen. In den Auen, bei Balken, findet am ersten Oktoberwochenende der berühmte „**Leichlinger Obstmarkt**" statt (siehe Extras). Eine günstige Lage im Sonnenwinkel beschert der kleinen Stadt im Herbst eine farbenprächtige und aromareiche Erntezeit. Und ihrer weißen Obstbaumpracht im Frühling verdankt sie den schmückenden Beinamen „**Blütenstadt**".

Von einer der letzten Wupperanhöhen grüßt rechts der Herrensitz „**Haus Vorst**" (siehe Extras). Noch ein letztes Wäldchen, dann ist **Opladen** erreicht. Vor der Eingemeindung nach Leverkusen „das **Tor zum Bergischen Land**" genannt. Hier bekam der Fluß von den örtlichen Färbereien noch einmal eine letzte Dreckspackung mit. Doch diese Zeiten sind vorbei. Statt dessen zieht er gemächlich durch gepflegte Grünanlagen und läßt sich auch als abgezweigter „Mühlengraben" in **Leverkusen** nicht mehr zur Arbeit hetzen. Die Mühlen haben ihren Betrieb längst eingestellt. Eigentlich sieht der Fluß recht proper aus, bevor er Vater Rhein begegnet. Kurz zuvor nimmt die Wupper noch letzte Gäste auf: in Opladen den **Wiembach** (über das dort ansässige, für Jugendgruppen spannende Umweltschutzzentrum „**Gut Opphoven**" informiert der in dieser Reihe erschienene Band „**Erlebnis Rheinland**"). Und kurz vor ihrer Mündung, ganz unromantisch zwischen Strommasten und Müllkippen des nahegelegenen Bayerwerks, vereinigt sich mit ihr ein bergisches Flüßchen, das uns an manch anderen Stellen dieses Buches (u.a. Kapitel „Erlebnis Odenthal – Der Dom auf der Kuhweide") begegnete: die **Dhünn**.

Das Tor zum Bergischen Land

Extras:

Leichlinger Obstmarkt

Nur wenig abseits vom Leichlinger Zentrum, in den Balker Auen, findet jedes Jahr am ersten Oktoberwochenende der große Obstmarkt statt. Längst wird nicht mehr nur Obst verkauft. Inzwischen ist das Ausstellungsgelände an den Wupperwiesen zu einer Mischung aus Jahrmarkt und Fachmesse für jedermann angewachsen. Hobbygärtner erhalten hier Tips vom Fachmann, Heimwerker lassen sich neue Geräte vorführen und Bastler finden viele Anregungen, die sie an den bevorstehenden Winterabenden umsetzen können. Beispielsweise, wie man Heu und Stroh zu Tierfiguren binden kann.

Kinder und Jugendliche werden Spaß daran haben, auf einem großen Rasenmäher Runden drehen zu dürfen. Doch selbstverständlich stehen die heimischen Obsttorten im Mittelpunkt des Marktgeschehens. Da können die unterschiedlichen Apfelsorten nicht nur in Augenschein genommen werden, da darf auch probiert – und natürlich gekauft werden.

Verschiedentlich werden die farbenfrohen Gemüse und Früchte zu Mustern zusammengefaßt. Auch das Leichlinger Stadtwappen wird gerne als „Natur-Bild" gelegt. Denn so wie man im Frühjahr als „Blütenstadt" bekannt ist, so schmückt man sich im Herbst gerne als „Obststadt".

Geschäftig geht es auf dem Leichlinger Obstmarkt zu

Wer es sich einrichten kann, der sollte zum ruhigen Bummeln oder zum Besuch mit Kleinkindern das Wochenende meiden und die weniger besuchten Ecktage, Freitag und Montag, wählen.

Haus Vorst

Die Burganlage hoch oberhalb der Wupper ist in keiner Weise touristisch erschlossen. Weder Kioske noch Parkplätze pflastern ihre Zufahrtswege. Streng genommen ist der Zugang auch nur Wanderern und Spaziergängern möglich, denn man gelangt nur auf Waldwegen, durch den Vorster Busch, zum Ziel. Von der Ansiedlung „Schnugsheide", von der Opladener Straße und Rothenberg Straße führen Wege in den Forst (VRS-Haltestelle „Stoss"). Dort bringt uns ein weißes Dreieck als Wander-Zeichen auf den apshaltierten Haus-Vorster-Weg.

Das Fehlen von Rummel und Verkehr ermöglicht auch und gerade für Kinder einen Eindruck von einer Burganlage. Es kostet keinen Eintritt, denn zu „besichtigen" ist nur der Innenhof. Der Besuher ist hier Gast auf einem Privatgelände. Doch die Charakteristika eines mittelalterlichen Rittersitzes sind gut auszumachen: die unglaublich dicken Mauern, der Burggraben, die Kettenlöcher für die ehemalige Zugbrücke (seit hundert Jahren nun von einer festen, befahrbaren Brücke

Rittersitz Haus Vorst

abgelöst), der mächtige Lindenbaum im Innenhof, der Wehr-
turm und nicht zuletzt der Blick hinunter am Steilhang ins Tal
der Wupper. Und unausrottbar bleiben wohl die Spekulationen um einen unterirdischen Geheimgang von hier nach
Schloß Burg.

Tierpark Reuschenberg

Auf Leverkusener Gebiet, im Ortsteil Bürrig, führt als begra-
digte Abkürzung neben der Wupper der Mühlengraben hier.
Vor der Eisenbahnstrecke Köln-Düsseldorf zweigt links ein
Weg zum Tierpark Reuschenberg ab, eine kleine, gepflegte
Anlage, deren Förderer stets um den Erhalt dieses beliebten
Spaziergangziels kämpfen. (Näheres dazu siehe in der
Bachem-Reihe „Erlebnis Rheinland").

Für rheinische Brauchtumsfreunde hat der Ort Reuschenberg
noch eine besondere Bedeutung. Bis in die fünfziger Jahre
stand hier das Schloß Reuschenberg, das ein beliebtes Ausflugsziel der Leverkusener und Opladener war. Ursprünglich
war es ein Herrensitz mit zinnenbekröntem Turm. Ein Freiherr
von Mylius war einer seiner letzten Bewohner. Und genau
jener brachte als ehemals hochrangiger Militär aus dem fernen Österreich ein Lied mit an den Rhein, das hier zu einer Art
Nationalhymne wurde: das Lied vom Treuen Husar.

Nach 113 km läßt sich
die Wupper vom
großen Rheinstrom
Richtung Nordsee
mitnehmen

5. Rheinisch Bergischer Kreis

Erlebnis Odenthal

Es war einmal

Der Altenberger Märchenwald

Diesem Ausflugsziel stellen wir einen Vergleich voran: Sport zu treiben ist besser, als beim Sport nur zuzuschauen. Doch vielleicht animiert der Besuch einer Sportveranstaltung, mal wieder selber aktiv zu werden.

Ähnliches gilt für den Besuch des Märchenwalds. Das Zurschaustellen von Märchenszenen kann das Erzählen nicht ersetzen, es ist pädagogisch auch nicht ganz unproblematisch (dazu später noch). Doch angesichts der Medienhektik in der Kinderwelt sind sie ein Wink, die verblaßte Kultur der Volksmärchen wiederzuentdecken und Freude an der eigenen Erzählkunst zu finden.

Der Altenberger Märchenwald animiert besonders wegen eines Umstands, der ihm ansonsten angekreidet wird: er ist durch und durch altmodisch.

Der Charme des Altmodischen

Lange bevor unsere Freizeitgesellschaft Vergnügungs- und Erlebnisparks aus dem Boden stampfte, setzte ein

Mann seinen Kindertraum um. Wilhelm Schneider, so hieß dieses „große Kind", erschloß auf serpentinenartigen Wegen einen Hang des Dhünntals, errichtete etwa alle 100 Meter Holz- oder Fachwerkhäuschen und stellte in ihnen Märchenszenen nach. Das war 1931. Und so sieht es im Grunde auch heute noch aus. Hier läuft keine computergesteuerte Sensation, hier zielt keine Multimedia-Masche auf den Kick der Sinne. Zwar wurde in den 70er Jahren der Park erweitert und abrufbare Märchenhörspiele wurden in die Häuschen eingebaut. Doch aufregend ist das heutzutage längst nicht mehr, es wirkt eher bieder. Und genau das paßt! Vielleicht können wir das nach einem kleinen Ausflug in die Märchen- und Kinderpsychologie nachvollziehen.

Etwas Märchenpsychologie vorweg

Vor gut einer Generation gerieten die jahrhundertealten Volksmärchen in die Schußlinie. Es wurde heftig dagegen gewettert, solch unlogischen Schwachsinn und blutrünstige Grausamkeiten Kindern zu erzählen. Man nehme Kinder nicht ernst oder man schocke sie mit Vorstellungen vom Aufgefressen- und In-den-Ofen-gesteckt-werden. Das gefährde das Seelenwohl der Kleinen. Die Märchenkritik erschien vernünftig – und genau das war ihr Schwachpunkt. Denn die psychische Entwicklung verläuft nicht nur nach vernünftigen Gesichtspunkten. Auch das Irrationale und Unbewußte nimmt breiten Raum ein. Und da ist die bizarre Logik der Märchenwelt näher dran. Nicht nur bei Kindern, sondern auch bei Erwachsenen, für die die meisten Märchen ursprünglich gedacht waren. Schließlich wurden Weisheiten der Völker, Einblicke in menschliche Seelenempfindungen und Verhaltensweisen über Jahrhunderte mittels Märchen weitergegeben, bevor unsere Zeit sich auf die psychologischen Wissenschaften konzentrierte.

„Kinder brauchen Märchen"

Es war der amerikanische Kinderpsychotherapeut Bruno Bettelheim (1903–1989), der mit seinem Bestseller Buch „Kinder brauchen Märchen" (1975) die Sorgen ausräumte, Kinder würden durch Märcheninhalte veralbert oder gar geschädigt.

Bettelheim erläuterte, daß Kinder die Geschichten nicht als grausigen Einbruch in ihre heile Welt erleben müßten, daß sie – im Gegenteil – viele der Themen von sich selbst kennen würden: aus ihrem eigenen Unterbewußtsein, natürlich in verstellter Form.

Das Böse besiegen

Wer hätte nicht schon mal erfahren, daß Ungeduld und Nicht-Warten-Können einen in „Teufels Küche" brachte? Hänsel und Gretel erleben es, daß ihre orale Gier, das Ignorieren von Vorsicht, das hemmungslose Knabbern und Schlingen sie dem Hexenbackofen bedrohlich nahe bringt. Statt zu mahnen, verführt die Alte noch die Jungen, aus purer Eigensucht. Wie befreiend – so der Kinderpsychologe – ist die Auflösung in der Geschichte. Statt der unbeherrschten Opfer muß die tückische Verführerin, die Hexe, letztlich in den Backofen, nachdem die Kinder sich ihrer Klugheit besannen und das Böse austricksten.

Ein anderes Beispiel: jede Fernseh-Seifen-Oper lebt von der Überzeichnung der (Gegen)-Spieler. Die Facetten menschlicher Charakteren werden holzschnittartig auf Gut und Böse verdichtet. Dabei spüren wir Zuschauer, daß wir durchaus beide Anteile, Gut **und** Böse, in uns haben. Letztlich geht es uns wie Goethes Faust: „Zwei Seelen wohnen, ach, in meiner Brust!"

Es ist entlastend, dieses innere Gezerre mal klar zu trennen: hier guter Mensch, da böser Mensch. Hier gute Fee, da böse Hexe. Gemeint ist eigentlich der gleiche Mensch. Den aber müssen wir gelegentlich „aufspalten" in seine lieben und bösen Anteile. So können wir besser aushalten, daß es in Beziehungen so etwas wie Haß-Liebe gibt.

Gute Fee – Böse Fee

Fällt das Erwachsenen schon schwer genug, so sind Kinder erst recht über ihre Affekte irritiert. Vor allem, wenn sie die eigene Mutter gegensätzlich erleben. „Die Gestalt der ‚bösen Stiefmutter' hilft dem Kind, mit seiner Enttäuschung fertig zu werden, wenn es die eigene Mutter aus Wut oder auch nur aus Müdigkeit plötzlich als fremd und böse erlebt. Und wie dann die Ankunft der guten Fee dem Kind die beruhigende Gewißheit gibt, daß die ‚gute Mutter' wiederkommen und es beschützen wird", so lautet eine Auslegung Bettelheims.

Dieses, alle Menschen Verbindende („Archetypische" nennt es die Psychologie) ist die Stärke des Volksmärchens, nicht des Kunstmärchens. Letztgenannte entstammen den Köpfen von Dichtern. Volksmärchen aber kommen aus dem „Bauch von Generationen". Wilhelm Schneider hat sich in Altenberg ausschließlich auf die Volksmärchen konzentriert, so wie die Gebrüder Grimm sie einst in der Bevölkerung erfragten und aufschrieben.

Goldmarie und Pechmarie bei Frau Holle. Psychologen sehen darin die Verkörperung der fleißigen und trägen Seiten in uns

Diese Märchen nehmen Kinder insofern ernst, als sie nicht verschweigen, daß Menschen nicht immer nur lieb sind. Sie – und gerade Kinder – kennen durchaus auch zornige, gewalttätige, chaotische Phantasien oder Ängste vor Alleinsein, Ausgestoßenwerden oder Sehnsüchte nach grenzenlosem Geliebtwerden. In verschlüsselter Form nehmen solche Befindlichkeiten in Märchen Gestalt an. Auf der ungefährlichen Bühne der Phantasie darf man sich mit ihnen auseinandersetzen. Als Spiel, das heißt ohne realistische Konsequenzen.

Aber bitte, wir wollen ja nicht zum Kinderpsychologen, sondern in den Märchenwald!

Doch dieses psychologische Plädoyer für die Welt der Märchen mag unseren Ausflugtip zum einen attraktiv machen. Zum anderen mag er versöhnlich stimmen mit der Altenberger Anlage, die manchem in der heutigen Zeit recht hausbacken vorkommen mag. Doch der Verzicht auf elektronische Effekte ist seine Stärke. Ein – meist statisches – Bild zu einem Märchen genügt. Den Rest dürfen wir unserer Erzählkultur und der Phantasie der Kinder überlassen. Die beruhigende unaufdringliche Naturlandschaft, in die die gepflegte Anlage eingebettet ist, tut ein übriges. Und stoßen wir mal auf einen vermoosten Steg, so erhöht das nur den Charme.

Extras:

Etwas Märchenpädagogik

Kinder zwischen 3 und 6 Jahren dürften für Omas, Patenonkel und Eltern im dankbarsten Märchenwaldalter sein. Grundschulkinder werden auch noch was davon haben. Doch ihnen muß man nachsehen, daß sie ständig zu verstehen geben wollen, dafür eigentlich schon zu alt zu sein. Sie demonstrieren das gerne damit, daß sie die simple Technik an den einzelnen Häuschen rasch durchschauen.

Erzählen und Schauen

Bewährt hat sich das Herauspicken von ein bis zwei Märchen, die beim Besuch als bekannt vorausgesetzt werden können. Also heißt es an den Tagen davor: vorlesen oder erzählen. Wie fast überall auf unseren Ausflügen sollte man auch im Märchenwald die Kinder begleiten. Läßt man sie stets alleine vorrennen, kommt es an den Häuschen meist nur zum hektischen Lichtknopfdrücken, Tonband-in-Gang-Setzen und Weiterrennen. Dann ist dieses Ausflugsziel verschenkt, und es wäre besser ein Infotainment-Park besucht worden. Natürlich kann man nicht an allen Stationen das jeweilige Hörspiel komplett verfolgen (die Qualität ist durchaus gut). Das wäre zuviel und dafür ist es im Umfeld an manchen Tagen auch zu unruhig. Doch an ausgewählten ein, zwei Stationen sollte das schon möglich sein. Vielfach nehmen Kinder auch nur Bildeindrücke kommentarlos auf und Tage später wollen sie dann Näheres wissen über „die Frau mit den großen Zähnen und dem Federkissen". Ein Anlaß, nach dem Ausflug „Frau Holle" zu erzählen.

Geheimnisvoll lockt das Knusperhäuschen – nicht nur Hänsel und Gretel

An diesem Punkt greift übrigens das eingangs erwähnte Problem von Märchendarstellungen. Jede Vorgabe, auch die in Büchern, prägt das „Bild im Kopf", während Kinder sonst beim Zuhören eigene Phantasiebilder von einer guten Fee oder von einem bösen Riesen entwickeln. Heute darf man diese kreative Einschränkung vielleicht in Kauf nehmen, weil die Alternative vielfach hieße, mit der Märchenkultur überhaupt nicht mehr in Berührung zu kommen.

Bilder im Kopf

Die bildhaften Festlegungen sind weniger starr, wenn die szenische Vorgabe nicht allzu perfekt ausgeschmückt ist. Insofern ist die wenig mobile und effekthaschende Präsentation in Altenberg gut geeignet. Die Figuren sind in einer gewissen realistischen Naivität dargestellt. Da ihre Kleidung sie als Vertreter früherer Zeiten ausweist, bleibt auch genügend Distanz zum naturalistisch präsentierten Inhalt. Sinnvollerweise wurden die früher häufig vorgefundenen ausgestopften Tiere gegen solche aus Kunstmaterial ausgetauscht.

Am besten durchstreifen wir die Märchenwege, wenn alle noch frisch sind. Zeit für Eis, Autoscooter und Groschenautomaten (vor dem Restaurant) ist nachher noch genug. Alle Wege sind kinderwagengerecht ausgebaut und somit auch von Rollstuhlfahrern zu nutzen (ist in der Hanglage naturgemäß anstrengend).

Märchen der Gebrüder Grimm

Wer den Besuch zu Hause vorbereiten will, hier eine Themenauswahl. Dargestellt sind in Altenberg u.a.:

Die Gänsemagd – Rapunzel – Froschkönig – Der gestiefelte Kater – Tischlein deck dich – Schneewitchen – Frau Holle – Rotkäppchen – Schneeweißchen und Rosenrot – Die sieben Raben – Hänsel und Gretel.

Literaturtip

Volksmärchensammlungen gibt es heute als sehr preiswerte Gesamtausgaben. Als Taschenbuchausgabe ist inzwischen auch das zitierte kinderpsychologische Standardwerk erschienen: Bruno Bettelheim: „Kinder brauchen Märchen".

Wasserspiele

Im Märchenwaldrestaurant werden jeweils zur vollen Stunde „Wasserspiele" vorgeführt. Kinder sind von der knapp 10minütigen Licht- und Fontänenromantik gebannt, auch wenn die dazugehörige Musik längst nicht ihren Hörgewohnheiten entspricht. (Offiziell ist der Besuch der Wasserspiele an einen Verzehr im Lokal gebunden.)

Die Ehrentafel der Gebrüder Grimm wird von farbenfrohen Wasserfontänen umspielt

Natürlich geht bei einem Altenbergaufenthalt kein Weg am Bergischen Dom vorbei. Doch eine Domführung muß mit Kleinkindern nicht unbedingt noch am gleichen Tag sein. Der Altenberger Dom ist ein Extra-Besuch wert (siehe nächstes Kapitel).

Der Dom auf der Kuhweide
Altenberger Dom im Tal der Dhünn

Kinder sind vom Altenberger Dom zunächst irritiert, stellen sie sich unter einer Kathedrale doch eine ganz andere Dimension vor. Lassen wir sie selber lesen, wie sie einen Zugang zur Anlage im Tal der Dhünn finden können.

Kühe und Kirche

Ein Dom auf einer Kuhwiese? So sieht es jedenfalls aus, wenn wir uns vom Märchenwaldparkplatz dem Altenberger Dom nähern. Vielleicht bist Du jetzt enttäuscht. Schließlich kennst Du den Kölner Dom und weißt, wie

Gleich an den Bergischen Dom grenzt eine Kuhweide. Altenberg ist meist ein Ort der Stille

gewaltig hoch dieses Bauwerk über die Stadt hinaus- ragt. Hier ist nun alles anders. Das soll ein Dom sein? Der versteckt sich doch im Tal! Die Hügel, die ihn umgeben, sind allesamt höher als das kleine Türmchen auf seiner Dachmitte.

Na, und erst einmal die Umgebung! Von Köln und ande- ren Städten sind wir Lebendigeres gewöhnt: Dome lie- gen mitten in der Fußgängerzone. Geschäfte und Restaurants, Parkhäuser und Souvenirbuden umgeben sie. Skater flitzen zwischen den Touristen, und Straßen- musikanten aus aller Welt erhoffen sich eine schnelle Mark.

In Altenberg ist von all dem nichts zu finden. Statt auf einen Hauptbahnhof blicken wir wirklich auf eine Kuh- weide, bevor wir in den Dom einschreiten. Außer an Wochenenden ist es sehr, sehr ruhig. Wundere Dich nicht, wenn Dich diese Stille erst einmal kribbelig macht.

Beten und Arbeiten

Die Menschen, die den Altenberger Dom bauten, woll- ten genau das: Ruhe statt „action". Für sie war das alles andere als lahm und langweilig. Sie wollten sich auf das konzentrieren, was ihnen wirklich wichtig war: Die Suche nach dem Sinn des Lebens, die Suche nach Gott. Die Stille des Tals am Ufer des Flüßchens Dhünn war dazu der geeignete Ort. Doch ein bequemes Leben war das nicht. Denn es ging den Menschen nicht nur ums Beten und Singen frommer Lieder, sondern auch um ganz handfeste Arbeit. „Ora et labora" hieß ihr Wahlspruch auf lateinisch, zu Deutsch: „Beten und Arbeiten."

Menschen, die gemeinsam mit anderen nach ganz festen Regeln leben wollen, schließen sich zu Gruppen zusammen. Mönche heißen sie, wenn sie die Suche nach Gott in den Mittelpunkt stellen. Ihre Gemeinschaft nennt sich „Orden" und ihr Zuhause ist das Kloster. Alten- berg wurde vom Orden der „Zisterzienser Mönche" gegründet. Hier im Tal stand also neben der großen Kir- che ein Kloster. Teile davon sind heute beim Haus Alten- berg und in den gegenüberliegenden Restaurantbetrie- ben zu sehen.

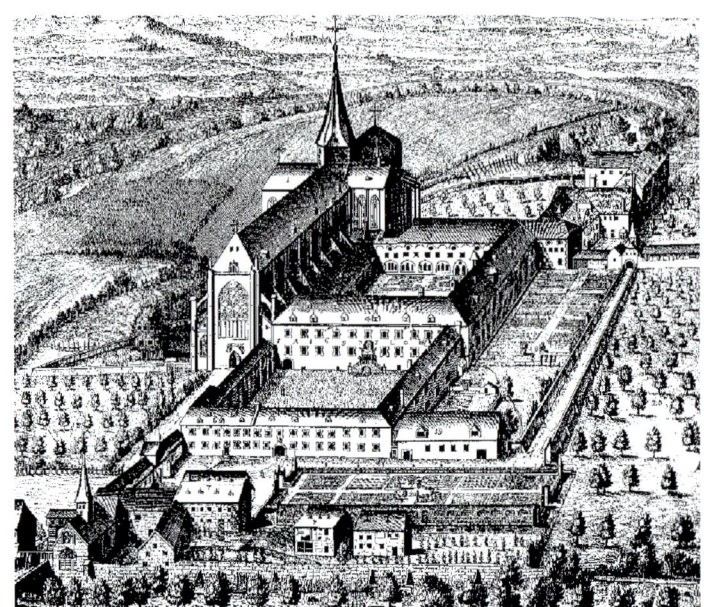

Die ehemalige Klosteranlage zu Altenberg. Reste davon wurden zur modernen Tagungsstätte umgebaut

Was wir den Mönchen verdanken

Eine Klosteranlage ist eine kleine Stadt für sich. Alles, was die Mönche zum Leben brauchten, erarbeiteten, züchteten, pflanzten und ernteten sie selbst. Sie haben also nicht nur gebetet und gesungen, sondern Stein auf Stein Altenberg aufgebaut. Ihre Verpflegung bezogen sie von den Feldern rings um das Kloster. Das heißt, der Waldboden mußte erst einmal hergerichtet werden, damit auch Getreide und Gemüse auf ihm wuchsen. Und so ist auch die Kuhwiese vor den Dom gekommen. Geh einmal in den Kräutergarten beim Restaurant „Küchenhof"! So etwa – nur viel größer – können wir uns die Klostergärten des Mittelalters vorstellen.

„Bete und arbeite" war schon ein passender Wahlspruch, denn Arbeit („labora") gab es nicht zu knapp. Wie mühsam war es für die Mönche, solch ein Tal, weitab von der nächsten Stadt, bewohnbar zu machen! Und so etwas taten sie an vielen Stellen in Europa. Heute verdanken wir ihnen viele Kenntnisse über Häuserbau, Landwirtschaft, Medizin, Musik, Schrift – all das, was wir Kultur nennen.

Naturschützer des Mittelalters

Die Mönche von Altenberg, die Zisterzienser, verzichteten auf jeden persönlichen Besitz. Dem einzelnen gehörte praktisch nichts. Er lebte von und für die Gemeinschaft. Über hundert Männer wohnten unter diesen strengen Regeln hier in Altenberg.

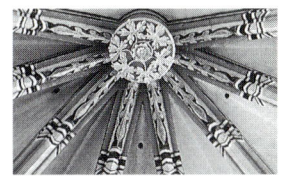

Der Schlußstein im Deckengewölbe zeigt Pflanzenblätter

Die Arbeit diente nicht der Gier nach persönlichem Reichtum. Das Leben mit Gott war für die Mönche eigentlich ein Leben mit der Schöpfung. So gesehen sind ihre Auffassungen heute gar nicht altmodisch. Denn ihr Tun war nur dann fromm, wenn es auch im Einklang mit der Natur stand. Umwelt- und Naturschutz sind zwar Begriffe aus unserer Zeit, doch praktiziert wurde er bereits von den Mönchen.

Wie bedeutsam ihnen das war, erkennen wir auch im Innern des Doms. Hier wurden die oberen Ränder der Säulen („Kapitelle") mit Mustern (Ornamente) aus der Natur verziert. Fast jede Säule zeigt ein anderes Blattmuster. Auch die wichtigsten Steine im Deckengewölbe, die „Schlußsteine", zeigen Pflanzenformen.

Unkraut im Dom

Ausgerechnet der bedeutsamste Schlußstein (der sitzt dort, wo sich über dem Altar die Gewölbe von Längs- und Querschiff in der „Vierung" treffen) ausgerechnet dieser Stein ist mit Blättern vom „Hahnenfuß" geschmückt. Wer einen Garten hat, kennt Hahnenfuß als lästiges Unkraut. Ob die Mönche wohl eine andere Sichtweise von Unkraut, von Nützlichem und Unnützem hatten als wir?

Extras:

Das Altenberger Licht

Selbst wer Kirchenbesichtigungen sonst langweilig findet, wird sich vom Altenberger Licht faszinieren lassen. Damit ist zweierlei gemeint. Zum einen das wunderbare Leuchten des großen Fensters über der Eingangspforte (das Westfenster gilt als das größte Europas). Schau es Dir von innen an, wenn

Im Kräutergarten beim „Küchenhof" wächst manches wieder wie zur Zeit der Mönche. Eine Ruhepause am Ufer der Dhünn ist hier besonders entspannend

ab dem späten Nachmittag die Sonne durch das bunte Glas strahlt. Zum anderen ist das „Altenberger Licht" ein fester Begriff für viele Kinder und Jugendliche der Umgebung. Am 1. Mai jeden Jahres radeln unzählige Jugendgruppen nach Altenberg, entzünden an der Osterkerze im Dom ein Licht und bringen dieses als „Altenberger Licht" in ihre Heimatgemeinden, als Zeichen des Glaubens und der Hoffnung.

Im Altenberger Dom ist es übrigens völlig egal, ob Du katholisch oder evanglisch bist. Er steht nämlich beiden Konfessionen zur Verfügung. Er ist eine der seltenen „Simultankirchen".

Altenberger und Kölner Dom – sind sie Geschwister?

Der „Bergische Dom" ist also in manchem ganz anders, als wir es von Domen gewohnt sind. Hat er denn mit dem Kölner Dom gar nichts gemeinsam? Doch, hat er! Beide Bauten wurden fast zur gleichen Zeit begonnen (1248 Köln, 1255 Altenberg). Deshalb zeigen beide auch den gleichen Baustil: Die Gotik mit ihren Spitzbögen. Schlanke Säulen ziehen die Blicke nach oben, himmelwärts. Auch stammen beide Dome ursprünglich aus dem gleichen Material: Sandstein aus dem Siebengebirge. Während die Kölner die schweren Brocken nur aus dem Schiff entladen mußten, um bauen zu können, hatten die Altenberger Mönche vom Hafen noch anstrengende 20 km mit Ochsenkarren vor sich (siehe hierzu auch den Band „Erlebnis Siebengebirge" in dieser Reihe).

Unser Tip

Der Altenberger Dom wird voraussichtlich bis ins Jahr 2003 Baustelle bleiben. Der Chorraum bleibt vorerst noch unzugänglich. Auch auf das West-Fenster muß noch etwas gewartet werden.

Alle Gottesdienste und die bekannten Altenberger Domkonzerte finden jedoch ungeschmälert statt.

Eine empfehlenswerte Broschüre für Kinder ist: „Altenberg – Domführer für Kinder", Verlag Haus Altenberg GmbH

Erlebnis Bergisch Gladbach

Schule wie zur Kaiserzeit

Schulmuseum Bergisch Gladbach

Stellt Euch vor, Ihr seid in Eurer Klasse und ein neuer Schultag beginnt.

Lehrer kommt herein: „Guten Morgen Kinder!"
Schüler stehen auf: „Guten Morgen, Herr Lehrer:"

L.: „Wer war heute morgen nicht in der Kirche?" *Der Lehrer guckt durch die Reihen. Da sich keiner meldet strahlt er:* „Alle waren in der Kirche. So muß es sein Kinder. Wir wollen den Tag mit Gebet, mit einer guten Meinung beginnen. Wir beten!"

Alle: „Lieber Gott, steh mir bei, daß ich fromm und fleißig sei!"

L.: „Hinsetzen!
Die Hände sind auf dem Tisch. Die Füße sind mit der ganzen Sohle auf der Erde. Der Rücken ist hinten angelehnt. Die Augen ruhen auf dem Lehrer."

Kinder befolgen die Anweisungen.

L.: „Es sollte sich doch noch jemand melden."

Ein Junge: „Ich sollte mich melden, Herr Lehrer, da ich nach sechs Uhr noch auf der Straße war."

L. – empört – : „Nach sechs Uhr noch auf der Straße angetroffen? Wie oft habe ich euch gesagt ..."

Alle zusammen!"

Alle: „Wenn die Abendglocken läuten, sind alle Kinder zu Hause."

L. zum Jungen: „Komm nach vorne! Du kriegst 3 Schläge auf das Gesäß. So geht das nicht.
Leg dich über die Bank: Gerechtigkeit, nimm deinen Lauf!"

Während der Stock auf den Hosenboden des Jungen knallt, zählen alle Kinder laut mit
„Eins, zwei, drei."

L.: „Hinsetzen! Kinder, wir nehmen die Tafel heraus. Eins, zwei, drei."

Die Kinder befolgen das Kommando, greifen in ihren Ranzen nach den Tafeln und legen sie bei „drei" recht geräuschvoll auf die Tische.

L.: „Zu laut! Noch einmal, ganz leise."

Dieses Mal ist bei „drei" kein Klappern zu hören.

L. strahlt: „So muß es sein.
Nun Griffel und Griffelspitzer vorzeigen! Taschentücher vorzeigen! Fingernägel vorzeigen!"
Der Lehrer prüft mit strengem Blick und ist zufrieden.
„So, dann können wir schreiben. Wir schreiben heute, was wir in der letzten Stunde in unserem Lesestück gelernt haben."

Der Lehrer schreibt in zackigen Bewegungen mit Kreide auf die Tafel.

Lehrer: „Sprecht alle mit!"

Alle: „Auf – ab – auf – ab …"

Die Kinder schreiben gemeinsam im Takt.

L.: „Wer über die Linie schreibt, der übertritt auch die Gebote."

An dieser Stelle haben wir uns aus der Unterrichtsstunde herausgeschlichen. Wenn Ihr wissen wollt, wie es weitergegangen sein könnte, dann solltet Ihr in die alte Dorfschule nach Katterbach oder nach Bensberg fahren. Oder ist jemand von unserem Bericht so verschreckt, daß er „nein danke" sagt? Den können wir beruhigen: es ist alles ein Spiel. Hier im Schulmuseum wird Schule gespielt, und zwar Schule, wie sie vor rund 100 Jahren war. Aber auch Eure Großeltern werden etwas davon noch kennengelernt haben.

Schule spielen

Der ehemalige Schulrat Carl Cüppers hat hier alles zusammengetragen, was mit Schule zu tun hatte: Tafeln,

Kein Kino, kein Video: im Schulmuseum dürfen die Besucher ganz echt Schule wie anno dazumal spielen

Wandbilder, Rechenhilfsgeräte, Griffel, Tintenfaß... Aber wir sehen Euch die Stirn krausen: Ihr kennt das ja gar nicht mehr. Am besten, Ihr setzt Euch mal in die original alten Schulbänke (jawohl, es gab Bänke, keine Stühle!) und macht eine solche Unterrichtsstunde wie anno dazumal mit. Vielleicht kommt Herr Cüppers persönlich in seinem alten Gehstock, mit Geigenkasten und Pfeife zu Euch (oder es kommt einer seiner Mitarbeiter) und spielt mit Euch „Schule in der Kaiserzeit". Das hört sich nur so streng an, irgendwie ist es auch gemütlich.

Ist das mal was für Eure Schulklasse? Dann bittet Eure jetzigen – modernen – Lehrerinnen und Lehrer doch, Euch im Schulmuseum Bergisch Gladbach anzumelden und einen normalen Schultag gegen einen altmodischen einzutauschen. Erwachsene dürfen mitspielen. Dann ist das ein bißchen so wie damals auf dem Dorf, als alle Kinder von Klasse 1 bis 8 in einem Klassenraum saßen.

An bestimmten Tagen werden Unterrichtsstunden auch ohne Anmeldung für jedermann angeboten.

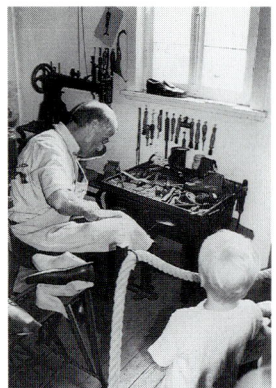

Hier wird dem
Schuhmacher
bei der Arbeit
zugeschaut ...

Staunen und Mitmachen

Bergisches Museum in Bensberg

Das Bensberger Museum ist nicht nur wegen seiner Dorfschule einen Besuch wert. Vieles, was zum Leben unserer
Vorfahren gehörte, ist hier ausgestellt. Was heißt ausgestellt – es wird vorgeführt. Es ist ein richtiges Vorführ-
und Mitmach-Museum. Hier arbeiten Schuhmacher,
Weber, Schmiede oder Bäcker mit den originalen Geräten und Handwerkszeugen der früheren Zeit. Sogar ein
kleines Bergwerk ist eingerichtet. Wir bekommen eine
Ahnung davon, welche Mühen und welche Kenntnisse
das Leben unserer Vorfahren prägten, als es noch keine
Elektrizität und erst recht keine Computer gab. Dumm
waren sie keineswegs. Ist es etwa nicht pfiffig, wenn sie
die Kraft des Wassers zum Antrieb großer Räder nutz-
ten? Der Elektromotor war noch nicht erfunden, und
dennoch vermochten sie den schweren Hammerbalken
mittels des „Motors Wasser" locker in Bewegung zu setzen.

Unser Tip

Melden Sie sich an, wenn Sie mit einer Gruppe kommen,
besonders mit Kindergruppen. Erstens können die Fachleute die alten Gerätschaften fachkundig zum Leben
erwecken, zweitens sind die museumspädagogischen
Dienste in der methodischen Zubereitung so ausge-
zeichnet, daß auch Erwachsene gerne etwas dazulernen.

Da es sich um ein Freilichtmuseum - wenn auch auf klei-
nem Gelände – handelt, ist ein angenehmer Wechsel von
drinnen und draußen, gehen und schauen garantiert.
Die fehlende Gastronomie wird durch gepflegte Gelegenheit zu Picknick und Selbstverpflegung mehr als
ersetzt.

Nicht zuletzt bietet die Umgebung des Museums einen
architektonischen Reiz. Seine Lage am Hang, zu Füßen
des Bensberger Rathauses, das als eigenwilliges Beton-
gebirge erbaut wurde. Fachwerkbauten und Beton ver-
mengen sich mit dem historischen Mauerwerk der Burg

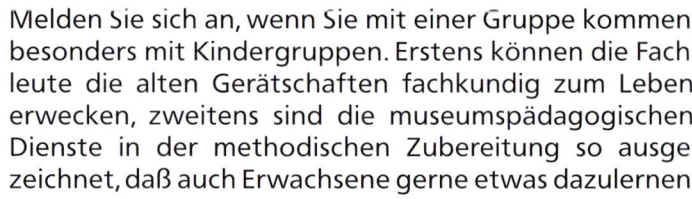

... hier erklärt ein
Metzger das
„Wursten"

und der bergischen Hügellandschaft zu spannungsvoller Ästhetik.

Am ersten Augustwochenende ist es besonders lebendig und unterhaltsam. Anläßlich des Museumsfestes werden alle Handwerke (sowie die Schule) vorgeführt. Suchspiele und Quizbögen verstärken den Anreiz, sich mit ihnen intensiv zu beschäftigen.

Folgende Aktivitäten werden dort beispielsweise angeboten:

Flechten – Färben – Filzen – Zimmerarbeiten – Fachwerktechnik – Schreinerarbeiten – Drechseln – Schieferarbeiten – Zinn – Schmieden in der Grobschmiede – Kettenschmieden in der Kettenschmiede – Schmieden im Hammerwerk – Treib- und Ziselierarbeiten in der Kupferschmiede – Scherenschleifen – Sattlerei – Schuhmacherei – Stellmacherei – Sensen dengeln – Kleintierausstellung – Brotbacken im Backhaus – Omas Spezialitäten – Bandweben – Weben – Spinnen – Handarbeiten – Mühlsteinschärfen – Herstellung von Büttenpapier – Historischer Schulunterricht – Arbeiten an der Fegebank – Filme über die bäuerliche Hauswirtschaft – Buttern mit dem Butterfaß – Informationsstand zur Imkerei – Herstellung von Dörrobst – Herstellung von Sauerkraut – Biostand – Herstellung einer Gemüsecollage – Flechten von Zwiebelzöpfen

Glühend heiß muß das Eisen sein, wenn der schwere Fallhammer es formen soll. Welch starker Motor hebt den Hammerbalken? Allein die Wasserkraft!

Was es sonst noch gibt in Bergisch Gladbach

Die **Städtische Galerie Villa Zanders** liegt im Zentrum der Stadt. Außer Sonderausstellungen sowie der Präsentation vorwiegend zeitgenössischer Kunst unterhält sie auch eine Abteilung für Museumspädagogik. Kindern werden hier sowohl fachkundig Wege zum Verständnis von Kunst bereitet als auch Gelegenheiten zum Selbermachen gegeben.

Erlebnis Burscheid

Singen und Klingen

Die Musikstadt Burscheid

Aller Anfang
ist schwer

Unmusikalische Menschen gibt es seltener als farbenblinde, sagen Fachleute. Es ist wirklich kaum vorstellbar, daß jemand überhaupt keine Art von Musik mag.

Mit dem Spielen eines Instruments ist das schon etwas schwerer. Manche sagen scherzhaft, sie spielen schon ganz gut Radio oder CD-Player und lassen damit erkennen, daß sie eigentlich auch ein richtiges Instrument spielen möchten. Doch da erscheinen ihnen die Hürden zu hoch. Wie und wo komme ich daran? Ist das nicht zu schwer? Wieviel muß ich denn da üben? Üben muß man, daran geht kein Weg vorbei. Eine halbe Stunde täglich bringt einen jedoch schon weit. Die anderen Zweifel aber wollen wir hier ausräumen: es ist nicht zu schwer, und wer will, kommt auch dazu – gerade im Bergischen Land.

Nehmen wir als Beispiel Burscheid, das sich gerne mit dem Beinamen „Musikstadt" schmückt. Auf viele Bergische Städte paßt diese Charakterisierung, existieren hier doch auffallend viele Chöre, Orchester, Blasvereine, Bands und sonstige Musiziergruppen – allesamt keine Profis sondern Laien. Und weil in Deutschland der älteste dieser „Liebhabervereine", wie man sie früher nannte, aus Burscheid stammt, hat der Zusatz „Musikstadt" hier Tradition.

Musizieren macht
in der Gemeinschaft
besonders Freude

„Musikalische Academie von 1812 e.V." nennt man sich
stolz. Doch so steif wie der Name vermuten läßt, ging es
da noch nie zu. Es waren schließlich ganz alltägliche Bürger, die da zusammenkamen. Tagsüber gingen sie ihren
Berufen in den Schreibstuben, den Mühlen, Webstuben,
vor allem aber in der einst blühenden Burscheider Klein-
industrie nach und abends traf man sich beim gemeinsamen Musizieren. Ihr Streben ging allerdings dahin, mehr
als nur Volkslieder zu singen. Man wollte auch Werke der
berühmten Komponisten zu Gehör bringen, die sonst –
Tonträger gab es ja noch nicht – nur am Fürstenhofe, von
einem Orchester live gespielt, erklangen. Der Anspruch
nach Höherem war also da. Doch nicht minder belebten
die örtlichen Hobby-Musikanten auch die Volksfeste
ihrer Heimat. Tanzmusik im Wirtshaus gehörte dazu wie
Blasmusik zu Umzügen, beim Schützenfest oder der Pro-
zession.

Im Grunde ist das bis heute so geblieben. Burscheider
Musiker spielen einerseits in der Spitzenklasse deutscher
Laienorchester. Manche schafften sogar den Sprung ins

In Kapellen und
Bands beliebt
sind Trompeten ...

... und Tenorhorn.
Beides kann unter
fachkundiger
Anleitung erlernt
werden

Profilager. Die Sinfonische Blasmusik des „Orchestervereins Hilgen" hat mit „Humtata" wirklich nichts mehr zu tun. Und dennoch sind auch die Volksfestumzüge in den Ortsteilen ohne die gleichen Bläser undenkbar.

Verweilen wir etwas beim Beispiel der Blasmusik, um das Vorurteil auszuräumen, ein Instrument zu erlernen, sei immer nur schwer. Wer auf einem Metallblasinstrument (Trompete, Horn, Tenorhorn, Posaune, Tuba) unter fachlicher Anleitung beginnt, wird mit etwas Fleiß schnell zum Erfolg kommen. Das kann sich schon bald öffentlich hören lassen. Für Jungen und Mädchen, die aus dem Alter herausgewachsen sind, daß sie am Martinstag noch mit Laternen teilnehmen, ist es ein tolles Erlebnis, dort als Musikanten mitzuspielen Andere finden Anerkennung, wenn sie beim Schulkarneval musizieren. Es bleibt zwar noch ein anstrengender Weg bis zur Mitwirkung im Jugendblasorchester. Doch der rasche Erfolg, den gerade die Metallblasinstrumente auf einfachem Niveau bei Volksfesten ermöglichen, ist nicht zu unterschätzen. Das gilt besonders für Kinder und Jugendliche, die Probleme haben, eine lange Übephase nur mit Tonleitern im stillen Kämmerlein durchzustehen.

Daß dieser breite Spagat zwischen Karnevalstusch und Sinfonie gelingt, daß sowohl Erwachsene wie Schüler Zugang zum Musizieren für jedermann finden, dafür sorgt heute die „Jugend- und Volksmusikschule Burscheid e.V." (Seite 193). Sie stellt nicht nur die professionellen Lehrer und die Räumlichkeiten zu erschwinglichen Gebühren, sie leiht auch Instrumente für den Start aus. Denn es ist unsinnig, ein teures Instrument zu kaufen, ehe sich Eignung und Ausdauer des Anfängers nicht wenigstens ein halbes Jahr lang bewährt haben. Zu viele gutgemeinte aber unbedachte Geschenke unterm Tannenbaum landeten schon auf dem Flohmarkt, und die Freude am Musizieren auf dem Müll. Hier ist eine vorherige Beratung in der Musikschule oder ein Besuch beim jährlichen Tag der offenen Tür (Spätsommer) hilfreich.

Die Burscheider Musikschule – bei denen der anderen Gemeinden ist es ähnlich – macht derzeit folgende Unterrichtsangebote:

Streichinstrumente: Geige, Cello, Kontrabaß
Holzblasinstrumente: Querflöte, Oboe, Klarinette, Saxophon, Fagott
Metallblasinstrumente: Trompete, Posaune, Horn, Tenorhorn, Tuba
Schlagzeug
Tasteninstrumente: Klavier, Orgel, Keyboard
Saiteninstrumente: Gitarre
Außerdem: Musikalische Früherziehung, Elementarunterricht für Blockflöte, Musiktheorie

Vielfältige Aufführungsanlässe auf unterschiedlichen Niveaus sind der Motivationsstachel des Einzel- oder Gruppenunterichts. Das große Ziel (kein Muß) sowohl der meisten Schülerinnen und Schüler als auch der Musikschule selbst ist die Mitwirkung in den Ensembles der „Musicalischen Academie von 1812 e.V." oder des „Orchestervereins Hilgen 1912 e.V.".

Es klappert die Mühle am rauschenden Bach

Die Lambertsmühle

Das Bergische Land ist das Land der fleißigen Gewässer. Unzähligen Menschen gaben sie Arbeit und Brot. Denn vor Erfindung von Dampf- und Elektromaschinen war die Wasserkraft eine wichtige Energiequelle. Viele kleine Bäche standen der großen Wupper im Fleiß nicht nach. Beispielsweise der Wiembach. Bevor er in Leverkusen-Opladen in die Wupper mündet, trieben seine Wasser zahlreiche Mühlräder an.

Eins dieser klappernden Holzräder ist mit Hilfe eines Fördervereins gerade wieder in Schwung gebracht worden. Es gehört zur Lambertsmühle, die sich am Oberlauf des Baches tief ins Tal duckt. Sie war die erste von mehreren Wassermühlen, die sich den Wiembach zunutze machten. Im Abstand von zwei Kilometern folgen Gerstenmühle und Dürscheider Mühle. Die Lambertsmühle ist hier seit 350 Jahren bekannt. Sie wurde wohl nach einem Herrn Lambert benannt, der hier als Müller tätig war. Auch dessen Nachfolger waren Getreidemüller. Der letzte war

Der treue „Floppo"
wacht vor der
Lambertsmühle

zusätzlich auch noch Bäckermeister. Er hieß Ernst Mai-
büchen, und ihm ist es zu verdanken, daß heute im
„Backes" wieder Brot wie annodazumal gebacken werden kann. Denn als er den Mühlenbetrieb 1942 einstel-
len mußte, beschloß er, das Anwesen der Stadt Burscheid zu schenken, damit hier nach seinem Tode ein
Heimatmuseum eingerichtet und vor allem den Kindern
gezeigt werden sollte, wie ihre Vorfahren einst lebten.
Dieses Museum befindet sich gerade im Aufbau.

Sicherlich wird der Förderverein Mühle und Umfeld
noch attraktiver machen. Doch zu sehen und zu schnuppern gibt es bereits heute einiges. Und daß noch nicht
alles so ganz perfekt aussieht, ist für Kindergruppen vielleicht gerade das Schöne. Hier muß keiner Berührungs-
ängste haben. Die Gerätschaften, die der alte Müller
gesammelt hat, darf man ruhig mal in die Hand nehmen.
Überhaupt geht der Charme der Anlage von ihrer
Einbettung in die Natur aus. Ein bißchen Wildnis, ein gepflegter Mühlengarten, feuchte Bachwiesen und bewal-
dete Steilhänge machen sie gerade für zwanglose Besuche mit Kindern zu einem beliebten Ausflugsziel. Und
wenn im Winter Schnee liegt, fehlen nur noch Rauch und
Duft von frischgebackenem Brot aus dem Backhaus –
und eine Märchenlandschaft ist Wirklichkeit.

Was es sonst noch gibt in Burscheid

Burscheider Bad

Dieses neu errichtete Bad ist eine Attraktion für Groß und Klein. Die ins große Becken eingelassenen Luftsprudeldüsen sorgen für prickelndes Vergnügen. Kleinkinder können bei 33 Grad Celsius im Wasserspielgarten planschen, Erwachsene werden die gesundheitsfördernden Kneipp-Becken, die Dampfbäder oder das Natursole-Aktiv-Becken schätzen. (siehe Servicteil).

Megaphon Kulturzentrum

In der alten Schule des kleinen Straßendorfs im Stadtteil **Sträßchen** ist mächtig was los. Seit dort das Kulturzentrum Megaphon einzog lauft hier täglich ein Program (z. B. Kabarett, Kleinkunst, Film, Jazz), für das die Erwachsenen früher in die umliegenden Großstädte fahren mußten. Und die Angebote für Kinder wie Kinderkino, Hyper-Kids-Disco oder Kinderflohmarkt machen klar, daß auch in der idyllischen Landschaft an der B 51 die Zeit des Dornröschenschlafs längst vorbei ist.

6. Das Oberbergische Land

Erlebnis Engelskirchen
Zuflucht für Menschen und Fledermäuse
Die Aggertalhöhle in Ründeroth

Durch das Dunkel der Höhle streifen Lichtstrahlen. Sie fallen auf Korallenbänke und wundersame weiße Muster an der hohen Decke. Dramatische Musik erklingt. Man glaubt, in einem Film mitzuspielen, der schildert, wie einst die ersten Menschen in die Aggertalhöhle eingedrungen sind. Normalerweise erleuchten Lampen die Hauptwege. Aber bei besonderen Gelegenheiten werden sie für eine Weile ausgeschaltet, zum Beispiel bei den Führungen mit Musik, die einmal im Monat auf dem Programm stehen. Zu den Klängen bewegt sich eine Höhlenforscherin Schritt für Schritt durch das finstere Gewölbe, besteigt vorsichtig eine Wand, erkundet mit

Die Höhlenforscherin wirft einen Stein in die Tiefe

Hilfe der Lichtstrahlen, die von der Lampe an ihrem Helm ausgehen, jeden Winkel. Die Besucher sind ganz still, folgen mit den Augen dem hellen Schein, der Rest der Höhle bleibt finster. Die Musik erreicht ihren Höhepunkt, bricht ab. Die Lampen gehen an. Von der Höhlenforscherin ist nichts mehr zu sehen. Sie ist in einem geheimen Weg verschwunden, der abseits der Hauptstrecke für Gäste liegt. Nur 270 von insgesamt 1071 Metern stehen normalen Besuchern offen. Lediglich Fachleute dürfen sich in tiefe Spalten abseilen und durch enge Gänge zwängen.

In der Aggertalhöhle finden sich, anders als in den unterirdischen Gängen bei Wiehl keine Tropfsteine. Der Grund: Eine mächtige Schicht von Tonschiefer verhindert, daß an vielen Stellen Wasser von oben hereinträufelt und Säulen in vielfältigen Formen wachsen läßt. Dafür können wir in der Aggertalhöhle die Felsgebilde besser sehen und nachvollziehen, wie sich ein Gebirge auffaltet: Denn der Stein wird nicht von den Tropfsteinen verdeckt. Wir erblicken ganze Korallenbänke, die sich vor undenklich langer Zeit (350 bis 390 Millionen Jahren) gebildet haben, als das Oberbergische Land der Karibik glich. Denn dort, wo heute Menschen durch dichte Wälder spazieren, erstreckte sich einst ein tropisches Meer.

Höhle ohne Tropfstein

Von 1999 an wollen die Höhlenforscher Kindern die Einblicke in die komplizierte Geschichte der Erde noch besser nahebringen, bei „Geschichtenführungen" nämlich. Man darf darauf gespannt sein. Schon jetzt laden sie Jungen und Mädchen zu „Schatzsuchen" ein. Auch dann bleibt die Höhle übrigens dunkel. Die Kinder bahnen sich einen Weg mit Hilfe von Taschenlampen, ein ganz und gar spannendes Erlebnis, das zum Beispiel Geburtstage zu einem unvergeßlichen Abenteuer macht. Die Größe der Gruppe ist allerdings begrenzt: auf 14 Steppkes. Schließlich soll in den weitverzweigten Gängen niemand verlorengehen. Mit ganz, ganz viel Glück huscht dann auch eine Fledermaus über die Köpfe der kleinen Entdecker. In größerer Zahl versammeln sich die Flattermänner aber erst zum Winter in den Gewölben. Denn dann halten sie dort ihren Winterschlaf – weil sie dann keine Insekten jagen können. Für die große Ruhe eignen sich die Höhlen, weil sie eine gleichbleibende Temperatur (hier sechs bis acht Grad Celsius) und eine konstante Luftfeuchtigkeit aufweisen.

Wann die Aggertalhöhle zum ersten Mal von Menschen betreten worden ist, weiß natürlich niemand mehr. Nach den frühesten Berichten soll sie 1773 entdeckt worden sein, andere Quellen nehmen das Jahr 1819 an. Da wird eine „Feckelsberger Höhle" erwähnt, bei der es sich vielleicht um die Aggertalhöhle handelt. Auf jeden Fall blieb das Innere des Berges lange verborgen. Das lag vor allem daran, daß es schwer war, in die Höhle zu gelangen. Man mußte sich durch eine enge gewundene Röhre hinablassen. Ende des vorigen Jahrhunderts wurde jedoch ein Stollen gebaut, der den Zugang erleichterte. Aus dieser Zeit ist eine lustige Geschichte bekannt: „Bergarbeiter räumten Lehm und Geröll aus den Felsspalten, und jede Neuentdeckung war ein Ereignis. An einem dieser Tage hatten sie Glück, denn hinter dem fortgeräumten Lehm tat sich ein neuer Höhlengang auf. Die Arbeiter kamen zum Hof Walbach und meldeten Frau Müller ihren Erfolg. Zur selben Zeit war der befreundete Pastor Meyer-Hermann im Hause anwesend, und er beschloß, die Höhle zu besuchen. Der Pastor war von Statur her jedoch recht beleibt und blieb in dem neuen Höhlengang stecken, denn der Durchschlupf war an der engsten Stelle nur 20 bis 30 Zentimeter breit. Nur mit Mühe konnte der Pastor wieder aus seiner mißlichen Lage befreit werden". (aus der sonst weitgehend hochfachlichen Schrift: Dieter W. Zygowski „Die Aggertalhöhle in Ründeroth", herausgegeben vom Verkehrsamt der Gemeinde Engelskirchen).

Seither heißt diese schmale Stelle, durch die sich heute noch die Besucher zwängen, „Pastorengang".

Der Pastor
blieb stecken

Von 1920 an wurden erste private Führungen veranstaltet und sogar Feste in der Grotte gefeiert, der man den Namen „Muschel- und Felsenhöhle" gab. Erst später wurde sie in Aggertalhöhle umgetauft – um deutlicher zu machen, wo sie liegt. Dennoch fanden nur wenig Besucher den Weg in die Grotte.

Während des Zweiten Weltkrieges diente sie jedoch als Zuflucht vor den Luftangriffen. Ein Zeitzeuge berichtet: „Mit dem nötigsten Hab und Gut (Kinderbettchen, zwei Liegestühle und einer großen Reisetasche) sind wir nachts um 2 Uhr von Hohenstein den Walbachweg entlang zur Höhle gezogen. Es war sehr dunkel, und wir waren ängstlich und aufgeregt, weil Flugzeuge die Gegend erhellten, um sie mit Nachtkameras zu photographieren. An der Höhle angekommen, wo noch kein Tor vorhanden war, stand ein Posten. Es mußte erst entschieden werden, ob wir vier noch in die Höhle konnten, denn es durften nicht mehr als 50 Personen wegen des Sauerstoffverbrauchs eingelassen werden. Meine Mutter aber kannte den Wächter, und nach vielem Bitten durften wir doch noch Unterschlupf nehmen. ... Gegen die niedrigen Temperaturen halfen Pelzmäntel und Decken." Klosetts gab es in der Höhle natürlich nicht. Statt dessen verdrückte man sich draußen, vor der Grotte, ins Gebüsch. „Gekocht wurde notdürftig in einem großen Kessel vor der Höhle – wenn was zum Kochen da war. Ansonsten wurden wir von Großmutter Frau Claßen mit Brennessel-Gemüse beköstigt." Weiter heißt es: „Die Höhle selbst durften wir nur verlassen, wenn kein Fliegeralarm war. Aber in der Höhle war für uns Kinder genug Abwechslung: Es wurde Verstecken gespielt, und so lernten wir die engen Seitengänge und Nebenhöhlen kennen. Es war für uns eine richtige Entdeckerzeit! Ich kann mich noch entsinnen – damals war ich acht Jahre alt -, als wir Kinder einer Familie einen mit viel Mühe und Organisationtalent gebackenen Geburtstagskuchen stibitzten. Die Tracht Prügel, die ich damals bekam, vergesse ich bis heute nicht. Aber schön war es doch, die verdutzten Gesichter zu sehen, als kein Kuchen mehr da war: Die Höhlenzwerge hatten sich gütlich daran getan! Ich kann mich noch gut daran entsinnen, daß nachts sehr viele Fledermäuse aus der Höhle flogen – viel, vel mehr, als in der heutigen Zeit. Als am 10. Mai 1945 bekanntgegeben wurde, daß der Krieg beendet sei, sind wir, mit Sack und Pack auf einen Bollerwagen geladen, nach vierwöchigem Aufenthalt in der Höhle, vorbei an amerika-

Gekocht wurde vor der Höhle

Unter Spannung
Das Rheinische Industriemuseum

Heute können wir uns kaum noch vorstellen, ohne elektrischen Strom auskommen zu müssen. Er ist für uns ganz selbstverständlich. Wie die unsichtbare Kraft den Alltag revolutioniert hat, können wir in der Außenstelle Engelskirchen des Rheinischen Industriemuseums, in den Mauern der stillgelegten Textilfabrik von Ermen & Engels, sehr gut nachvollziehen.

Dazu begeben wir uns zunächst in den Keller. Den erfüllt Wasserrauschen – über Lautsprecher verbreitet. Tatsächlich können auch Kinder hier an einem Modell erkennen, wie Wasserkraft genutzt worden ist, um mit Hilfe von Turbine und Generator Strom für die Spinnmaschinen zu gewinnen. Ein Sammelteich speicherte das Aggerwasser, um Schwankungen ausgleichen zu können. Aus ihm floß das Wasser, durch Wehre gesteuert, in den (heute trockenen) Turbinenraum. Die Turbinen wiederum trieben über Schwungräder und Transmissionen die Genera-

Das Schwungrad trieb den Generator an

toren an. Sie verwandelten die Drehbewegungen in Strom. Den ersten Generator dieser Region kann man im Museum sehen. Bei diesem „Kraftpaket" handele es sich, wie der Katalog erklärt, „im Grunde um einen vergrößerten Fahrraddynamo". Das massive Schwungrad vor ihm entspreche dem Pedal, das bei Wasserkraftbetrieb die Drehbewegung vom „Antritt" der Turbine nebenan erfahre und mittels einer breiten Transmission auf die Achse des „Großdynamos" übertrage. So gerieten auch die Magnete im Generator in Drehung. „Doch was diese in den unbeweglichen und um sie herum kranzförmig angeordneten Spulen bewirken, läßt sich mit den schärfsten Augen nicht verfolgen. Die an den Spulen vorbeistreichenden Magnetpole wandeln die Rotation in elektrische Energie um, letzlich die Strömung des Wassers nebenan in einem Stromfluß kleinster Teilchen, Elektronen genannt."

Der Wuppertaler Friedrich Engels, Vater eines Sohnes, der das „Kommunistische Manifest" mitverfaßte, hatte 1837 beschlossen, an der Agger eine Baumwollspinnerei „nach den neuesten und besten englischen Prinzipien" zu errichten. Für den Standort Engelskirchen sprachen neben der Wasserkraft mehrere Tatsachen: die Grundstückspreise waren niedrig, die „Kunststraße" bildete eine direkte Verbindung zwischen Rhein und Frankfurter Straße, und die Löhne waren in dieser Gegend niedrig. So schrieb Engels senior an seinen Kompagnon Peter Albert Ermen: „Der Arbeitslohn ist für einen kräftigen Mann per Tag 8 Silbergroschen, während er bei uns 14 à 15 Silbergroschen ist. Kinder wird man verhältnismäßig weit billiger und mindestens 30 à 40 Prozent billiger wie bei uns haben können." Die Not der Leute kam Engels also recht gelegen, sehen die armen Bewohner doch „mit Sehnsucht einer neuen Nahrungsquelle entgegen", wie Engels Ermen weiter mitteilte. Tatsächlich sollen die Menschen die Kunde von der Fabrik begeistert aufgenommen haben. Es wird berichtet, „dem Engel hat man bei der Ankunft daselbst die Pferde abspannen wollen, um den Wagen selbst zu ziehen". Doch da wußten die Leute noch nicht, unter welchen Bedingungen sie würden arbeiten müssen. Der Bürgermeister soll dem Land-

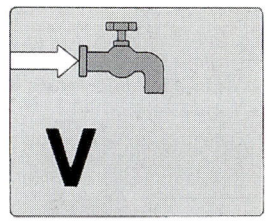

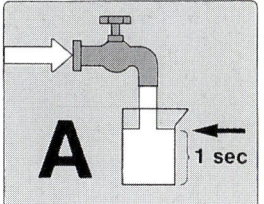

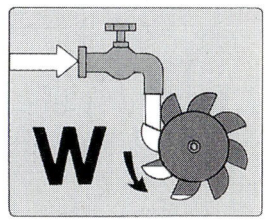

Die unsichtbaren Eigenschaften des Stroms lassen sich am Beispiel des Wasserflusses veranschaulichen

rat gesagt haben, er hätte es in den schlecht gelüfteten Räumen keine Viertelstunde aushalten können. Die jungen Arbeiter verließen die Fabrik mit so bleichen Gesichtern, „daß man in einer anderen Gegend zu sein glaubt".

Wie sich der Alltag der Leute schließlich durch Strom veränderte, beschreiben Materialien des Museums ebenfalls. Hier werden zwei Engelskirchener zitiert, die sich an das bedeutende Ereignis erinnern, als ihr Wohnhaus an das Netz angeschlossen wurde: „Es muß wohl um das Jahr 1919 gewesen sein, ich war damals acht Jahre alt. Wir hatten als Beleuchtung in unserem Haus Kerzen und später eine Tisch-Petroleum-Lampe. Ein viel besseres Licht hatten die später folgenden Karbid-Lampen. Eines Tages ging „Im Hof" die Nachricht um „Mir kriggen Elektrisch, der Engel maat denn Strom." Ein anderer: „Ich wohnte auf der Hardt als kleiner Junge. Wir kriegten Weihnachtsabend Licht, elektrisch Licht! Da war aber der Schalter so hoch, daß wir als Kinder nicht drankonnten. Mußte man drehen."

Früher waren Elektrogeräte Luxus

Vor dem Ersten Weltkrieg war elektrischer Strom in Engelskirchen aber noch ein Luxus. Doch bald kamen immer mehr elektrische Geräte in die Haushalte. Und dafür würde von der Industrie heftig geworben. Sprüche wie „Dame und doch Hausfrau" bemühten sich um Familien, die sich kein Dienstpersonal, wohl aber kleine Elektrogeräte leisten konnten. Ein Werbetext reimt sinnig: „Ich habe ein tüchtiges Mädchen für Alles, die ich nicht entlasse trotz Steuern und Dalles. Sie hilft mir, die Wäsche waschen und glätten, ist immer bereit auch zum Spülen und Plätten. Sie heizt mir behaglich die Diele, die Stuben, sie wärmt mir das Wasser zum Bad für den Buben, kocht treffliche Speisen, macht knusprige Braten. Auch ist ihr noch nie eine Torte mißraten." Und so geht es weiter bis zur Auflösung: „Und der Name der Perle? Nicht Minna, nicht Gret. Mein Mädchen für Alles heißt Elektrizität." Trotz aller Bemühungen der Industrie hatten jedoch Anfang der 60er Jahre erst etwas mehr als die Hälfte aller westdeutschen Haushalte einen Kühlschrank.

Das Museum erklärt endlich, warum die Textilindustrie nach einem enormen Aufschwung nach dem Zweiten Weltkrieg langsam zu sterben begann: In armen Ländern sind die Löhne niedriger. So weichen Unternehmer ins Ausland aus – so wie der Wuppertaler Engels seinerzeit nach Engelskirchen. In den 1970er Jahren schließen die meisten oberbergischen Textilfabriken. Die ehemals mit ratternden Maschinen gefüllten Säle stehen leer. 1979 gibt auch die Firma Ermen & Engel auf. Etliche Maschinen werden an Großeinkäufer veräußert, die sie an den heutigen Standorten der Textilindustrie anbieten. So gelangten Anlagen aus Engelskirchen in die Türkei – da, wo es heute ebenfalls Strom und billige Arbeitskräfte gibt.

Strom-Werbung

Extras:

Einen schönen **Wanderweg** vom Industriemuseum zur Aggertalhöhle beschreibt das Verkehrsamt.

Hier sind weitere Tourentips und eine Karte erhältlich.

Wegbeschreibung (Länge etwa 12 Kilometer):

Unser Ausgangspunkt ist das **Industriemuseum**. Hier geht der Weg los, links in die Ortsmitte. An der Kreuzung biegen wir rechts ab in die Reckensteinstraße. Nun führt unser Weg über den schönen Edmund-Schiefeling-Platz. Dieser gilt als Zentrum des Ortes. Hier sehen wir noch ehemalige **Arbeiterhäuser** der Firma Ermen & Engels. Vorbei an dem Brunnen und den Geschäften überqueren wir den Feckelsberger Weg. Über den Parkplatz, am Kinderspielplatz vorbei, führt uns der Weg am östlichen Leppeufer entlang in Richtung Blumenau.

Wir wandern nun durchs **Leppetal** aufwärts, das von Mischwald und moosüberwachsenen Felshängen umgeben ist. Hier verliefen früher die Gleise der dampfbetriebenen schmalspurigen Kleinbahn von Engelskirchen nach Marienheide. Auf diesem Weg begegnen wir auch Überresten von Hammeranlagen, die seit 1750 zur Veredelung von Eisen gehörten. Der Weg verläuft weiter der Leppe entlang und führt schließlich über den Fluß hinweg zur Schnellstraße in Blumenau. Wir folgen der Straße nach rechts und biegen nach ungefähr 400 Metern rechts ab. Zunächst führt uns der Weg durch den Tunnel des Autobahnzubringers. Zur Rettung der Erdkröten, deren Wanderweg genau über die stark befahrene Straße führt, wurde ein Krötentunnel gebaut, den man am Ende der Unterführung erkennen kann.

Nach einem leichten Anstieg biegt man an der Wegkreuzung nach links ab und folgt dem Verlauf des Wanderweges oberhalb des Leppetales. Am Ende des Wanderweges befindet sich der **Oelchenshammer.**

Unser Weg führt uns nun über den Oelchensweg auf die Ründerother Straße. Wer eine Rast einlegen will, biegt links ab und geht zum Hotel-Restaurant „Zur Post".

Die übrigen können jetzt rechts ab über die Ründerother Straße nach Schnellenbach gehen. An der Kreuzung findet man für die weitere Wanderung zwei Möglichkeiten:

Weg 1: An der Wegkreuzung Ründerother Straße/Heider Weg geht es rechts ab auf einen Feldweg. Diesem folgen wir immer weiter bis nach Feckelsberg. Danach überqueren wir die Engelskirchener Straße und wandern auf dem Weg A2 durch den Weg zur Aggertalhöhle.

Weg 2: Weiter geradeaus zur Kreuzung Bickenbacher Straße/Dorfstraße. Nach etwa 300 Metern befindet sich rechts die Einmündung „Im alten Garten". Im Haus „Am alten Garten 2" befindet sich der **Bauernladen** der Eheleute Wirths. Zu den Öffnungszeiten kann man hier Käse, Quark, Milch, Wurst und sonstige selbst hergestellte Köstlichkeiten kaufen. Danach biegen wir gleich den nächsten Weg von der Dorfstraße rechts ab und wandern bis zu dem kleinen Bach Walbach. Für Naturinteressierte ist zu beobachten, daß dieser Walbach an einer Strecke plötzlich austrocknet. Dies ist eine sogenannte **Bachschwinde.** Das Wasser fließt unterhalb der Erdoberfläche weiter bis zur Agger. Zur **Aggertalhöhle** führt nun der Weg rechts ab immer oberhalb des Walbachs durch den Wald.

Nach dem Besuch der Höhle geht es so weiter:

Von hier aus überqueren wir die Straße Im Krümmel und folgen dem Wanderweg A3 über den Mühlenberg bis zum Hohenstein. An der Kreuzung Walbach/Hohenstein gibt es wieder zwei Wandermöglichkeiten:

Weg 1: Dieser Weg führt uns links durch den Wald (oberer Weg) zum Haldy-Turm (Wanderweg 6). Von hier aus hat man einen herrlichen Ausblick über das schöne Aggertal. Wir wandern weiter bis zur Ortschaft Stiefelhagen und dann hinunter bis zur Agger. Über die Aggerpromenade, oberhalb der Agger durch den Wald, wandern wir zurück bis Ründeroth.

Weg 2: Dieser Weg führt uns durch den Wald hinunter bis zur Agger.

Über die Wilhelmsbrücke ist man auf dem Freibadparkplatz angekommen.

Hier im Ort **Ründeroth** sehen wir noch viele alte Fachwerkhäuser sowie die evangelische und katholische Kirche. An der Hauptstraße befindet sich ein Antiquitätengeschäft, das auch sonntags geöffnet hat.

Zum Abschluß der Wanderung lohnt ein Besuch des Restaurants „Santa Lucia" an der Hauptstraße (geöffnet 11.30–14.30 Uhr, 17.30–23 Uhr, sonntags bis 22 Uhr, mittwochs Ruhetag). Wer des Wanderns müde ist, fährt mit Bus oder Bahn nach Engelskirchen zurück. Haltestellen und Bahnhof liegen in der Ortsmitte.

Wer weiterlaufen mag, geht weiter durch den Ort, vorbei am Millionentor, über die Brücke. Die Treppe hinunter führt uns der Weg am alten Rathaus vorbei immer entlang der Agger. In Höhe des Altenheims überqueren wir erneut die Agger und gehen in Richtung Sportplatz. Zwischen Agger und Sportplatz wandern wir zu **Haus Ley.** Diese ehemalige Wasserburg wurde erstmals in Urkunden von 1370 erwähnt. Hier überqueren wir nochmals die Agger und wandern etwa 500 Meter an der Straße entlang. Nun biegen wir rechts auf die Straße Auf der Renn. Ihr folgen wir bis zur Kreuzung Auf der Renn/Schulberg. Hier gehen wir links und überqueren die Olpener Straße. Rechts vorbei an dem Restaurant Hardter Hof geht es über Unterkaltenbach und den Miebacher Weg zurück zum Industriemuseum. Für den Abschluß empfiehlt das Verkehrsamt eine Rast im Restaurant „Flurschütz" (geöffnet 12–14 Uhr, 18–22.30 Uhr, dienstags Ruhetag, samstagmittags geschlossen, Tel. 02263–4100).

Erlebnis Wiehl

In den Bauch der Erde

Die Tropfsteinhöhle

Wer sich durch die Tropfsteinhöhle in Wiehl geleiten läßt, kann für einen kurzen Moment das Fürchten lernen: Wenn der Führer alle Lampen ausschaltet, die sonst die Gänge erhellen. Dann bekommen wir einen Eindruck davon, was totale Finsternis bedeutet. Gehen wir an einem dunklen Winterabend durch den Wald, paßt sich das Auge bald an. Wir sehen zumindest Schatten. Nicht so in der Höhle. Denn in die dringt, gut 30 Meter unter der Erdoberfläche, kein Lichtstrahl. Und wir können uns vorstellen, wie es war, als Menschen vor langer Zeit finstere Höhlen erkundeten, mit einer Fackel vielleicht, deren flackernde Flamme nur den nächsten, vorsichtig gesetzten Schritt erleichtert.

Kein Wunder also, daß Höhlen den Menschen früher zutiefst unheimlich waren. In vielen Märchen und Sagen

Tropfsteine regen
die Phantasie an

galten sie als Zugang zu einer anderen Welt, zum Reich
der Toten oder zur Hölle. In den Höhlen, erzählte man
sich, sollten feuerspeiende Drachen und Höllenhunde
mit glühenden Augen Schätze bewachen. Immer wieder
haben sich Abenteurer auf die Suche nach den Schätzen
gemacht, gefunden haben sie meist nur den Tod; sie
stürzten im Dunkel ab. Tatsächlich haben jedoch Menschen zum Beispiel in Kriegen wertvolles Gut in Höhlen
vor dem Feind versteckt, und auch Räuber lagerten dort
ihre Beute.

In den Alpen fürchtete man den „Tatzelwurm". Nach einem Gewitter glaubten die Anwohner sein Brüllen zu hören, und im Winter schien es, als dringe sein Atem als Dampfwolke aus den Spalten in der Erde. Später wußte man: Das Brüllen und Fauchen rührte von tosenden Wassermassen her, und der „Atem" von warmer, feuchter Luft, die nach einem Wechsel des Luftdrucks aufsteigt. Aber in Grotten sollten auch Hexen ihr Unwesen treiben, Riesen, Zwerge, Kobolde und Feen hausen, ja, sogar Göttervater Zeus in einer Grotte geboren worden sein.

Mit den Tropfsteinhöhlen hat es eine eigene Bewandnis. Lassen wir uns durch die Wiehler Grotte, die größte Tropfsteinhöhle des Rheinlandes, führen, erfahren wir zunächst, daß die Erde über uns vor etwa 400 Millionen Jahren von einem Meer bedeckt war: In einer Wand entdecken wir Ablagerungen von versteinerten Muscheln, runden und länglich-gerillten, die aussehen wie Schrau-

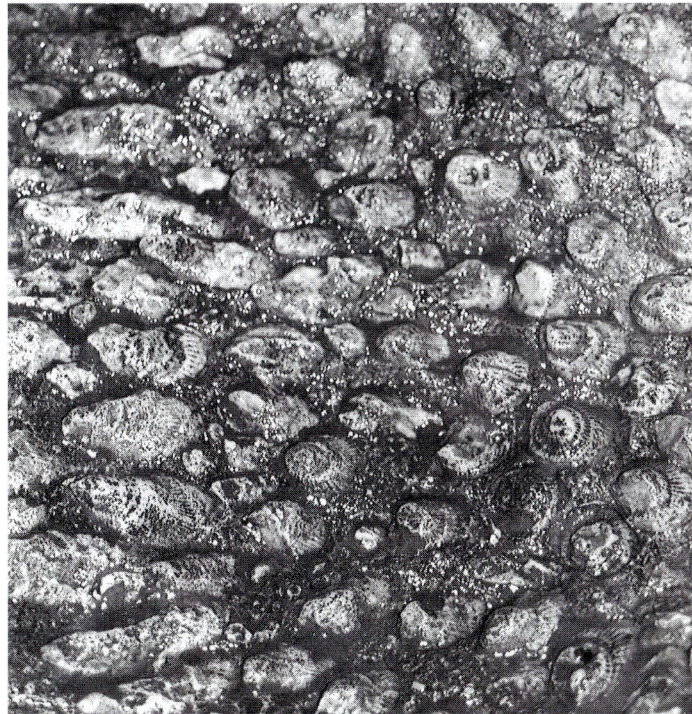

Uralt: versteinerte Muscheln

147

ben. Und versteinerte Korallen. Sie weisen darauf hin, daß das Meer warm war, denn Korallen gedeihen nur in Wasser, das mindestens 20 Grad Celsius mißt. Das Meer kann auch nicht tief gewesen sein, denn Korallen fühlen sich nur in flachem Wasser bis höchstens 40 Meter Tiefe wohl.

Schließlich geben uns die Korallen Auskunft über die Art des Gesteins: Kalk, der aus den Schalen von Tieren wie Korallen und Seelilien entstanden ist. Die Kalke bilden in dem Paffenberg – in ihm liegt die Wiehler Tropfsteinhöhle – ein Nest inmitten von mächtigem Sandstein und Tonschiefer. Als das Meer sich schon lange verzogen hatte, wurde die Höhle schließlich trocken. Doch schon begann Regenwasser durch Spalten und Klüfte einzusikkern. Regenwasser ist kein reines Wasser. Jetzt folgt ein bißchen Chemie: Aus der Luft nimmt das Regenwasser das Gas Kohlenmonoxyd auf und wird dadurch zu einer schwachen Säure, der Kohlensäure. Den Geschmack von Kohlensäure kennen wir von dem Mineralwasser. Beim Öffnen der Flasche entweicht ein Teil des Gases in Form von Bläschen.

Noch mehr Kohlenmonoxyd nimmt das Regenwasser auf, wenn es durch die Erde sickert, denn dieses Gas entsteht auch, wenn sich Pflanzen zersetzten.

Kohlensäure kann Kalkstein auflösen

Kohlensäure kann den Kalkstein auflösen. Und das Regenwasser nimmt den aufgelösten Kalk mit, wenn es durch Spalten in die Höhle träufelt. Dort passiert dann folgendes: Jeder Tropfen, der an der Decke der Grotte hängt, gibt Kohlendioxyd an die Höhlenluft ab, verdunstet also einen Teil der Flüssigkeit und hinterläßt einen dünnen Kalkfilm, der im Laufe der Zeit immer dicker wird. Schließlich hängt von der Decke ein langer Tropfstein, ein Stalakit-Kalkzapfen. Aus den Tropfen, die auf dem Boden zerplatzen, bilden sich von unten nach oben sogenannte Stalagmiten. Ein Stalakit wächst in hundert Jahren um einen Zentimeter, ein Stalagmit braucht dafür 1000 Jahre. Deshalb ist es schade, daß Besucher der Tropfsteinhöhle Spitzen von solchen Kunstwerken der Natur abgebrochen haben. Im Laufe der Jahrtausende nähern sich der Stalakit von der Decke dem Stalagmiten, der sich nach oben aufbaut. Ist der gelöste Kalkstein rein, dann sind die Tropfsteine meist weiß, enthält er Eisen, sind die Tropfsteine gelb gefärbt. Die Tropfsteine haben ganz unterschiedliche Formen entwickelt. Wer Phantasie hat, erkennt, eine Gruppe von Murmeltieren, einen Eisbären, den Elefantenkopf und ein ganzes Märchenschloß, aber auch eine Orgel, Wasserfälle, die Zähne des Weißen Hai oder Reißverschlüsse. Wo das Wasser nicht nur aus einem Loch an der Decke kommt, sondern gleichmäßig aus einer längeren Spalte, entstehen beispielsweise dicke Vorhänge oder feine Gardinen. Unser Führer berichtet uns, die Entstehung der Figuren habe etwa 460 000 Jahre gedauert. Wir sehen auf unserem Weg aber auch wunderschön glitzernde Bergkristalle und Brunnen. Schließlich erfahren wir noch, daß die Luft hier drin sehr gesund ist. Kinder mit Keuchhusten oder Erwachsene mit Asthma fänden hier schnell Erleichterung. Und wir hören, daß die Temperatur immer gleich bleibt, ob draußen krachende Kälte oder brütende Hitze herrscht: Sie beträgt acht Grad Celsius. Noch etwas: Mit etwas Glück sehen wir auch Fledermäuse: Sie nutzen die Höhlen als Winterquartier und tagsüber als Schlafplatz. In der Dämmerung jagen sie draußen nach Insekten. Wie erinnern uns, wie sie sich in der Dunkelheit zurechtfinden: Sie setzen eine Art Radar ein. Während des Fluges stoßen sie kurze Schreie aus, die eine so hohe Frequenz (Schwingungszahl) haben, daß der Mensch sie nicht hören kann. Die Echos werden von den Hindernissen zurückgeworfen, und die Fledermäuse fangen sie mit ihren großen Ohren auf. So peilen sie sogar Insekten an. Fledermäuse haben einen gewaltigen Appetit: Sie fressen pro Nacht etwa die Hälfte ihres Körpergewichtes an Insekten.

Haben wir die Höhle verlassen, können wir, ebenfalls hungrig, im nahen Waldhotel lecker essen (Preisbeispiel: Oberbergischer Speckpfannekuchen mit großem Salat 13,50 Mark) – oder noch einen schönen Waldlehrpfad genießen. Er ist 1,8 Kilometer lang und führt an einem Wildgehege entlang. In dem haben die Tiere viel Platz und werden artgerecht gehalten. Hier finden wir unter anderem Rotwild, Waldschafe und Wildschweine, aber

Wunderschön glitzernde Bergkristalle

keine Rehe. Die sind zu scheu. Wer die Tiere füttern möchte, sollte eine Tüte am Kiosk der Tropfsteinhöhle kaufen (eine Mark). Unser Tip: Wenn das Wetter durchwachsen ist, sind wir hier ganz allein. Und der Spaziergang tut doppelt gut.

Natürlich bietet sich die ganze Umgebung für Wanderungen an (Tourenkarte bei der Tourist-Information, Tel. 02262–99–195).

Extra:

Wir können Waldlehrpfad und Wildgehege mit Hilfe einer **Rallye** genauer erkunden.

Fragen:

1. Wie heißt das junge Tier des Rotwildes?
2. Wie heißt das weibliche Tier des Rotwilds?
3. Wieviel Kilogramm Nahrung nimmt Rotwild täglich ungefähr zu sich?
4. Hainbuchen wurden früher oft als Grenzbäume genutzt. Was finden wir stattdessen heute?
5. Wofür ist Totholz wichtig?
6. Die Erle galt einst als unheimlicher Baum. Warum?
7. Wie alt kann eine Kiefer werden?
8. Wie heißt das männliche Tier beim Waldschaf?
9. Woher kommen die Wörter „Buchstabe" und „Buch"?
10. Für welche Jahreszeit war die Birke ein Symbol?
11. Was kostet im Waldhotel neben der Tropfsteinhöhle das Kindergericht „Bambi"?

Eine weitere Höhle ist die Aggertalhöhle in Engelskirchen-Ründeroth. Auch hier finden sich ausgedehnte Korallenbänke.

Literatur: „Höhlen" aus der „Was ist Was"-Reihe, Tessloff-Verlag (viele spannende Bilder)

Was es sonst noch gibt in Wiehl

Eissporthalle
Grillplatz
Inline-Skaten
Skaten können Kinder während des Sommers (Mai bis Ende August) in der Eislaufhalle Wiehl.
Jugendherberge
Kultur für Kids

In Wiehl können
Kinder skaten

Museum „Achse, Rad und Wagen"

Das Museum der BPW Bergische Achsen Kommanditge-
sellschaft zeigt auf mehr als 1000 Quadratmetern Aus-
stellungsfläche die rund 5500jährige Entwicklungs- und
Fertigungsgeschichte des Wagens. Zu bestaunen sind
2000 bis 4000 Jahre alte Bronze- und Keramikmodelle
von Plan-, Streit- und Kultwagen, Kinderkutschen, Kut-
schen und Ackerwagen des 17. bis 20. Jahrhunderts und
mehr als 5000 Werkzeuge des Stellmachers, Schmieds
und Sattlers. Besucher bekommen auch einen umfassenden Einblick in die Geschichte des Rades – vom Scheiben-
rad aus einem Holzstück bis zum Speichenrad.

Museum „Achse, Rad
und Wagen"

Postkutschenfahrt

Zwischen Nümbrecht und Wiehl verkehrt freitags, samstags und sonntags zwischen Mai und September (bei
lebhafter Nachfrage auch bis Oktober) die Bergische
Postkutsche. Von den beiden Zielorten, aber auch von
den Haltepunkten Schloß Homburg und Wiehler Tropfsteinhöhle erreicht man bequem den Ausgangspunkt
mit Linienbussen.

Beliebt: eine Fahrt
mit der Postkutsche

Die Strecke: Nümbrecht, Spreitgen, Bierenbachtal, Hübender, Wiehl. In umgekehrter Richtung: Wiehl, Tropfsteinhöhle, Abbendroth, Stockheim, durch den schattigen Hochwald nach Holsteinsmühle und über Homburg-Bröl nach Nümbrecht. Beide Fahrstrecken betragen rund 11 Kilometer. Der Postillon in historischer Uniform erklärt unterwegs Sehenswertes. Die Postkutsche, ein Nachbau der kaiserlichen Post um 1871, hat 9 Sitzplätze.

Schwimmbäder
- **Solarfreibad** in Wiehl-Ortskern mit 54-Meter-Rutsche
- **Beheiztes Freibad Wiehl-Bielstein**
- **Hallenbad Wiehl-Bielstein**

Wiehlpark
Entlang der Wiehl gelangt der Besucher über eine Holzbrücke in den großzügigen Wiehlpark. Kinder planschen im Sommer in einem Pontonteich, toben auf Spielwiesen oder auf dem Abenteuerspielplatz. Während der Sommermonate können sie auch Ponyreiten. Außerdem kann man Minigolf, Basketball oder Tischtennis spielen, Fahrräder oder Kinder-Elektro-Karts ausleihen, auf einem überdachten Platz grillen oder den Heißluftballons beim Start zusehen.

Erlebnis Nümbrecht

Der Kampf mit dem Bösen

Die „Bonte Kerke"

Im Oberbergischen gibt es zahlreiche Kirchen. Hier wollen wir ein paar ganz besondere vorstellen, die auf den Erkundungsfahrten durch diese landschaftlich reizvolle Landschaft immer wieder einmal am Wegesrand liegen: Die „Bunten Kirchen", in Mundart **„Bonte Kerken"** genannt. Sie haben alle eins gemeinsam: farbenfrohe Wandmalereien mit Szenen, die auch ein bißchen schaurig sind. Diese Bilder waren als eine **„Armenbibel"** für die einfachen Bauern gedacht, die nicht lesen und schreiben konnten. Sie sollten zu einem frommen Lebenswandel ermahnen.

Die erste „Bonte Kerke" liegt in **Marienberghausen,** zwischen Wiehl-Drabenderhöhe und Nümbrecht oberhalb der Wiehltalsperre in einem besonders schönen, stillen und romantischen Gebiet, das sich für Waldspaziergänge anbietet. Und wenn es dunkel wird, können Eltern ihren Kindern wieder mal dieses schrecklichschöne Märchen von „Hänsel und Gretel" erzählen. Denn ganz in der Nähe, in der Einsamkeit der „Wolfsscharre", hat der Komponist Engelbert Humperdinck die gleichnamige Oper geschrieben.

Die evangelische Kirche, ein blitzblank-weiß gekälkter Bruchsteinbau, bildet den Mittelpunkt des idyllischen Ortes Marienberghausen mit seinen schmucken Fachwerkhäusern. Wir parken gegenüber, neben der kleinen

Von außen ist die „Bonte Kerke" weiß

Bücherei. Diese Kirche, wahrscheinlich um 1200 entstanden, ist im Laufe der Zeit wieder und wieder umgebaut worden. Von dem ursprünglichen Gotteshaus ist nur der wehrhafte, fast quadratische Westturm übriggeblieben. Das Langhaus mußte nach einem Brand abgerissen werden, es entstand um 1665 ein neues. Weiter vorne, auf den Wänden von Querschiff und Chor (15. Jahrhundert), finden wir die Wandmalereien. Sie wurden unter der Tünche entdeckt, als man 1910 die Orgel umgebaut hat. Der Kölner Künstler Anton Bardenhewer legte die Fresken frei und „besserte" sie aus. Diese gutgemeinten Übermalungen wurden hier, wie auch in anderen „Bonten Kerken", später aber wieder entfernt, um die Originalfresken sichtbar zu machen. Denn die Wandbilder sind sehr alt, es wird angenommen, daß sie aus dem 14. Jahrhundert stammen.

Um sie so genau betrachten zu können, brauchen wir einen Feldstecher. Denn sie sind zum Teil schon recht verblaßt. Gut ist es auch, die Kirche an einem hellen Sommertag zu besichtigen – an trüben Herbstnachmittagen ist das hereinfallende Licht einfach zu schwach.

Kampf zwischen Engel und Teufel

Im Chor sehen wir nun eine Darstellung des Jüngsten Gerichts, im Mittelpunkt Christus, an seinen Seiten zwei Engel, die eine Tuba blasen. Der Engel rechts gehört zu den Figuren, die am besten erhalten sind. Zu Christi Füßen knien Maria und Johannes der Täufer. Sie bitten für die Menschen. Weiter sehen wir ein Bild, das zeigt, wie die Seligen in das himmlische Paradies einziehen. Petrus empfängt sie: Bischof, Papst, König und das schlichte Volk. Rechts neben dieser Szene kämpft ein Engel mit erhobenem Schwert mit dem Teufel um eine arme Seele, die als Bauer erkennbar ist. Auf der anderen Seite wartet schon der runde Höllenschlund, gefüllt mit vielen ängstlichen Sündern. Der Teufel hält den Höllenrachen mit einem Baumstamm offen, damit er sich nicht vorzeitig schließt. Ringsum jagen wüste Gehilfen des Satans weitere Seelen – und sie gebrauchen dabei Mistgabel und Schubkarre. Ebenfalls im Chor erblicken wir die Seelen-Waage, auf der gute und schlechte Taten gewichtet werden. Die Waage hält der Erzengel Michael. In der linken Waagschale hockt ein nackter Mensch.

154

Über ihm steht Maria mit einem Kreuz, das an den Erlösertod Jesu erinnert und so die Barmherzigkeit symbolisiert.

Auf der anderen Seite versuchen Teufelchen, die Waagschale mit aller Macht nach unten zu ziehen, um sich eine weitere arme Seele zu sichern. Es gelingt ihnen aber nicht. Maria sorgt dafür, daß sich die Waagschale zugunsten des Menschen senkt.

Weitere Szenen schildern Heiligenlegenden wie die von Georg, der mit dem Drachen kämpfte.

Einst soll Georg, ein kappadozischer Tribun, in die Stadt Silene gelangt sein. In deren Nähe hauste ein Drache. Der fauchte seinen Gifthauch gegen die Bewohner, wenn ihm nicht täglich zwei Schafe zum Fraß geopfert wurden. Bald aber waren kaum noch Schafe übriggeblieben. Da warf man ihm ein Schaf und ein Kind vor. Auch die Königstochter sollte geopfert werden. Aber Georg ritt im Namen Christi auf das Untier los und verwundete es mit der Lanze. Er forderte die Königstochter auf, das Ungeheuer mit ihrem Gürtel zu fesseln, und der Drache folgte ihr wie ein Hündchen. So zog Georg mit ihr in die Stadt und tötete den Drachen. Der König und alle Bewohner wurden Christen.

Der Heilige Georg galt den Menschen im späten 14. Jahrhundert als Schutzpatron. Er wurde um Hilfe gegen Fieber, Krieg, Versuchungen des Teufels und mit der Bitte um gesunde Pferde und gutes Wetter angefleht.

(nach: Winfried Hansmann, „Die evangelische Kirche in Nümbrecht-Marienberghausen", Reihe Rheinische Kunststätten, Hrsg. Rheinischer Verein für Denkmalpflege und Landschaftsschutz; hier finden sich auch weitere Erklärungen, Heiligenlegenden und viele Bilder).

Ähnliche Drachenlegenden gibt es in vielen anderen Regionen, etwa dem Siebengebirge (siehe: Ulrike Walden, „Erlebnis Siebengebirge, Bonn und der Rhein-Sieg-Kreis für die ganze Familie", Bachem-Verlag).

Schon in der Bibel symbolisiert der Drache (die Schlange) das Böse, gegen das die Engel kämpfen. In der Offenbarung des Johannes hat dieses Ungeheuer gar sieben Häupter und zehn Hörner. Um den Erzengel Michael, der den Drachen bezwingt, ranken sich viele Märchen und Sagen aus zahlreichen Ländern. Einige der schönsten sind in dem Buch „Der Drache mit den sieben Köpfen" (Urachhaus) zusammengetragen. Wir entnehmen ihm die Geschichte von Jakob Streit „Michael und der Drache":

Die bösen Geister sprachen zueinander: „Wir wollen ein Drachentier erschaffen und darauf gen Himmel reiten. Es soll uns mit seinem Zähnerachen das Himmelsgewölbe wieder aufreißen." Da haben sie im Finstern einen Drachen erschaffen und haben an ihm gehämmert und gezackt und tausend Schuppen poliert. Seine Zunge war wie ein Feuer. Flügel hatte er wie Fledermäuse. Als er nun fertig war, hatte der Drache keine Seele. Da rief ein böser Geist: „Ich will seine Seele sein!" und ist gleich in ihn hineingeschlüpft. Die anderen riefen „Hü-hopp!" Dann ist er aufgeflogen, dorthin, wo die Himmelsnarbe war, und die Geister mit ihm.

„Auf einmal hörte man ein lautes Kratzen"

In der Zeit waren viele Engel um Gottes Thron versammelt, sangen und musizierten. Auf einmal hörte man ein lautes Kratzen. Ein Pfeifen und Heulen mischte sich in das himmlische Lied. Michael sprach: „Sie wollen in den Himmel einbrechen!" Er sah nach und bemerkte den Drachen, wie er gerade an der Himmelswand nagte und nagte. Da nahm Michael mit beiden Händen Licht von Gottes Thron, und er tauchte das Schwert in das Licht.

Als er zur Himmelsnarbe kam, reckte schon eine schwarze Tatze mit langen Krallen herein und die Hörner des Drachenkopfes. Michael feuerte Blitze aus seinem Schwert, nahm den Drachen unter seine Füße und kämpfte ihn hinaus. Wie Fledermäuse flatterten die bösen Geister davon. Der Drache stürzte hinunter und verzuckte sein Leben in der Tiefe. Seine Seele kroch auf allen Vieren hinaus und winselte kläglich. Michael rief in die Tiefe: „Ihr schwarzen Geister, bleibt jetzt drunten! Gott Vater wird euch später gewiß auch wieder eine Freude bereiten!" Da knurrten sie und wurden

156

still; denn Gott Vater öffnete eben das Himmelstor, und er sprach zu ihnen: „Ihr Geister der Tiefe, ihr wolltet Euer eigenes Reich begründen. Nun habt ihr es und müßt unten bleiben. Wollt ihr gehorchen?" Da knirschten sie alle: „Ja". Das Himmeltor schloß sich wieder zu.

So blieb es fortan bei einer oberen und einer unteren Welt.

Eigentlich sind die Themen, die in der bunten Kirche Marienberghausens dargestellt wurden, recht ernst. So müssen es jedenfalls die schlichten Menschen empfunden haben, die während des Gottesdienstes das Jüngste Gericht vor Augen hatten. Sie nahmen die Geschichten der Bibel noch wörtlich und fürchteten sich vor der Hölle. Manche Bilder – und auch das wird den Menschen schon damals nicht entgangen sein – haben jedoch auch etwas Drolliges, Komisches. So können wir ein Schwein entdecken, das Dudelsack spielt, und einen Kobold, der wie ein Hofnarr aussieht.

Szenen des Jüngsten Gerichts, einschließlich der „Seelenwaage", finden sich in anderen „Bonten Kerken", etwa in Gummersbach-Lieberhausen (östlich der Aggertalsperre) und in Wiedenest (kurz hinter Bergneustadt in einem idyllischen Waldtal) ebenfalls. Sie fehlen jedoch in einer weiteren bunten Kirche, in Wiehl-Marienhagen. Stattdessen bestimmt hier Maria, die Mutter Jesu, die Thematik der Bilder im Chor. Sie hat dem Ort ja auch seinen Namen gegeben.

Die Untertanen mußten zahlen
Schloß Homburg

Hoch über uns erhebt sich, umgeben von einem Mauerring, **Schloß Homburg.** Bevor wir das in ihm untergebrachte Museum des Oberbergischen Kreises besichtigen, werfen wir einen Blick auf das **„Rote Haus"**, wegen seiner Farbe so genannt. Dort, in dem ehemaligen Wirtschaftsgebäude des Schlosses, mußten die Bauern früher den „Zehnt", also die Steuern, abgeben. Sie bestan-

Hoch oben liegt
Schloß Homburg

den meist aus Getreide oder Produkten von Tieren. Heute ist hier die „Biologische Station Oberberg" untergebracht, die sich dem Naturschutz verpflichtet hat.

Die Untertanen waren oft nicht gut auf die Landesherrn zu sprechen. Denn der nutzte sie kräftig aus. So war es für ihn ganz selbstverständlich, daß die Bauern ihm die Jagd möglichst bequem gestalteten. Sie waren zur **„Jagdfron"** verpflichtet, mußten zum Beispiel das Wild

Unbequem, solche Ritterrüstungen

treiben und Jäger wie Jagdhunde verpflegen. Die Adeligen hatten merkwürdige Freizeitvergnügungen. So fingen sie auch Vögel. Die einfachen Leute taten es ihnen schließlich offenbar nach, denn wilden Vögeln wurde im Oberbergischen noch bis in unser Jahrhundert hinein nachgestellt. Die Leute haben sie mit „Leimruten" gefangen und verkauft. Als „Bergisches Quartett" in Elberfeld und Barmen recht beliebt waren zum Beispiel Zeisige, Hänflinge, Distelfinken und Buchfinken. Das alles erfahren wir bei einem Rundgang durch das Museum in Schloß Homburg. Dort sehen wir aber auch Ritterrüstungen und Waffen, etwa eine Armbrust, Möbel, Hausrat und die Burgküche mit einem großen Rauchfang. Der Museumsdienst bietet mehrere thematische Führungen an, beispielsweise zu „Baugeschichte", „Ritterliche Kultur", „Hauswirtschaften in der Bergischen Küche" (auch als Tastweg für sehbehinderte und blinde Besucher) – oder eben „Die höfische Jagd".

Weit geht der Blick von oben ins Land

Neu eingerichtet wurde und wird eine schöne „Ausstellung zur Geschichte des Oberbergischen Landes" im Forsthaus. Dort bekommen wir einen Einblick in jene Zeit, als das westliche und mittlere Europa bis nach Nordamerika und Nordafrika von einem Meer bedeckt war. Davon zeugen Versteinerungen. Kinder bestaunen vor allem die verschiedenen Szenarien, die Lebensräume anschaulich machen. Da ist das mächtige ausgestopfte Wildschwein, sind die lebendig wirkenden präparierten heimischen Vögel wie Kuckuck, Amsel, Elster und Eichelhäher. Und ein Schmelzofen erinnert an den Erzbergbau in der Region. Im Obergeschoß finden wir noch plastische Darstellungen der Landwirtschaft und das Modell eines Bauerngartens. Sie wollen zu einem sorgsamen Umgang mit der Natur ermahnen. Diese Schauräume sind sehr liebevoll und kindgemäß gestaltet.

Fast lebendig wirkt das Wildschwein

Ursprünglich war dort, wo heute das Schloß steht, eine mittelalterliche Höhenburg. Sie gehörte den Grafen von Sayn. Wie Menschen auf einer Burg gelebt haben, entnehmen wir den ausführlichen Kapiteln (siehe S. 53 Schloß Burg). Die Adeligen benutzten Schloß Homburg oft als Witwensitz. Von 1635 an wurde die mittelalterliche Burg, Sitz einer eigenständigen Herrschaft, zu einem Barockschloß umgebaut. Zeitweise hat sie wahrscheinlich sieben Türme gehabt, davon sind drei erhalten geblieben. Ende des 18. Jahrhunderts und vor allem später verfiel das Schloß, bis hier das Museum entstand.

Extras:

Mittelalterlicher Markt

Um den 1. Mai herum laden die Marktleute von **Kramer, Zunft und Kurtzweyl** zu einem deftig-unterhaltsamen **mittelalterlichen Markt** unter der Burg ein. Das fahrende Volk wartet mit Handwerkern, Gauklern, Händlern, Musikanten und vielen skurrilen Figuren auf. Eine äußerst vergnügliche Angelegenheit, zumal die Truppe wirklich viel vom Mittelalter versteht – und die Besucher mit wundersam fremd klingenden Worten anspricht. Da sagt kein Händler einfach „Tschüß". Ein „gehabt Euch wohl" ist das mindeste.

Auf dem mittelalterlichen Markt gibt's auch heiße Maronen

Weihnachtsmarkt

Ein weiterer Markt findet am zweiten Adventswochenende statt. Museumsmitarbeiter und freiwillige Helfer des Fördervereins Schloß Homburg bieten an, was früher zum Weihnachtsfest gehörte: Oblaten, Zinnschmuck, Noten, Nußknakker, historische Postkarten. Während der Sommermonate gibt es eine kammermusikalische Konzertreihe.

Vom Korn zum Brot

Vor einigen Jahren ist ein kleines Freilichtmuseum eingerichtet worden. Am Fuß der Schloßanlage finden wir eine historische Säge- und Malzmühle sowie eine Bäckerei aus dem 18. Jahrhundert. Bei speziellen Aktionen und Führungen kann der Weg des Getreidekornes aus dem museumseigenen Garten über die Mühle bis zum „Backes" verfolgt werden. Schließlich dürfen Gäste das fertige Produkt, ein kräftiges Steinofenbrot, probieren.

Programm für Kinder

Interessant ist das museumspädagogische Angebot für Schulklassen, etwa zu den Themen „Mittelalter" und „Steinzeit". Darüber hinaus existiert ein Kinderprogramm mit Bastelspaß. An der Kasse erhältlich sind auch Unterlagen für eine Rallye und ein Mühlenquiz.

Wandern

Die Umgebung lädt zum Wandern ein. So kann man vom Schloß zu den „Dicken Steinen" gehen (Wegweiser) und gelangt zu riesigen Quarzitblöcken aus dem Devon (vor 350 Millionen Jahren). Der Wanderweg um den Schloßberg hat die Markierung 8.

Was es sonst noch gibt in Nümbrecht (siehe auch Wiehl!)

Aussichtsturm

Der Aussichtsturm auf dem „Lindchen" ist 134 Stufen oder 30 Meter hoch.

Das Ökodorf

Das ökologische Dorf Benroth liegt etwa 5 Kilometer von Nümbrecht entfernt. Ein Besuch lohnt sich vor allem von Mai bis Oktober (Tel. 02295–62 68).

Minigolf

Minigolf kann man im Kurpark spielen.

Abstecher nach Marienheide

Das Haus der Geschichten. In einem Haus wird ein Jahrhundert Geschichte erzählt.

Leben wie zu „Omas Zeiten"

Erlebnis Lindlar

Ackergäule ziehen den Pflug

Das Bergische Freilichtmuseum

Am Heiligen Abend oder auch einen Tag vorher werden in unseren Wohnungen die Möbel gerückt, damit der Christbaum Platz hat zwischen Bücherwand, Fernsehgerät und Couch. Bis zum Dreikönigstag wird es denn auch ganz schön eng in kleinen Wohnzimmern. Als Mariechen Thiemann noch ein Kind war, gab es in dem Haus ihrer keineswegs reichen Eltern gleich drei Wohnzimmer: erstens die Werkstatt mit dem Bandwebstuhl, in der alltags nicht nur gearbeitet, sondern auch gegessen, geklönt und Besuch empfangen wurde; zweitens die „gute" Stube für Sonn- und Feiertage – und dann noch die „beste" Stube für die höchsten Feste. Die beste Stube wurde denn auch „Weihnachtszimmer" genannt. Kinderzimmer hingegen waren damals unüblich. Mariechen schlief, bis sie ein großes Mädchen war, mit im Bett ihrer Eltern. Und das scheint mit 1,20 Meter Breite schon zu schmal für zwei Menschen.

Wie Mariechen Thiemann früher wohnte, werden noch die Enkelkinder unserer Kinder nachempfinden können. Denn das Bandweberhaus, in Ronsdorf während der

Nicht der Traktor, das Pferd zieht den Pflug

162

ersten Hälfte des 19. Jahrhunderts gebaut, ist Stein für Stein abgetragen und im Bergischen Freilichtmuseum Lindlar wieder aufgebaut worden. Weil die alte Dame bis zu ihrem Umzug in ein Altersheim sorgsam auch alle Hinterlassenschaften ihrer Familie getreulich aufbewahrte, ist es zudem mit den original Möbeln, Arbeitsgeräten und sogar Kleidungsstücken ausgestattet.

Das Bandweberhaus mit seinem Garten

Das damals noch selbständige Ronsdorf, das heute zu Wuppertal gehört, war seit der zweiten Hälfte des 18. Jahrhunderts ein bedeutendes Zentrum der bergischen Bandweberei. Die Familie Thiemann hatte sich auf die Herstellung von seidenem Herrenhutband spezialisiert. 29 Jahre lang stotterte August Thiemann, Mariechens Vater, seinen Bandstuhl ab, bis er ihm 1889 gehörte. Er arbeitete selbständig im Auftrag für verschiedene Fabrikanten. Gezahlt wurde nach laufendem Meter des Bandes, das Thiemann ablieferte. Im Vergleich zu vielen notleidenden Webern im engen und bevölkerungsreichen Wuppertale hatten die Thiemanns offenbar ihr Auskommen. Das kann man aus der Einrichtung der „besten" Stube schließen. Die Möbel, von Mariechens Großeltern übernommen, sind aus wertvollem Kirschbaum geschreinert. Und auch der Garten, der in Lindlar genauso angelegt worden ist, wie er einmal war, weist darauf hin, daß die Familie sich bescheidene Annehmlichkeiten leisten konnte. Denn da werden nicht nur nützliche Gemüsesorten wie Kohl, Bohnen, Karotten, Zwiebeln, Erbsen und Heilkräuter für den eigenen Bedarf gezogen. Sondern es wachsen auch Zierpflanzen wie das Tränende Herz, Eisenhut und sogar Rosen.

Mariechen Thiemann in ihrem Haus

Besucher bekommen hier viele Anregungen für die Anlage eines heimischen Gartens. Und das gehört zum Konzept des Freilichtmuseums. Denn dessen Ziel erschöpft sich keineswegs darin, Vergangenes zu retten und auszustellen. Es will darüber hinaus dazu ermuntern, Umwelt und Natur bewußter wahrzunehmen und schließlich die eigene Umgebung ökologisch sinnvoll zu gestalten.

Denn die Ökologie steht im Mittelpunkt dieses Freilichtmuseums. Es zeigt, wie die Menschen einer Region, des

Bergischen Landes, durch ihr Arbeiten und Leben die Natur und Landschaft beeinflußt haben. Und das macht dieses Freilichtmuseum so wertvoll. Die museumspädagogischen Angebote unterstützen das Anliegen hervorragend. Kinder haben die Möglichkeit, bäuerliche Kultur mit allen Sinnen zu erfahren und schätzen zu lernen.

Das ganze Lingenbachtal ist zu einem 25 Hektar großen Museum geworden. Es wurde seit 1989 Schritt um Schritt in einen Zustand zurückversetzt, der einer typischen Landschaft des Oberbergischen beziehungsweise Rheinisch-Bergischen im 19. Jahrhundert entspricht. Zuvor begradigte Bäche können sich nun wieder durch feuchte Wiesen winden. Wildkräuter wurden gepflanzt oder siedelten sich von selbst wieder an. Am Waldrand neu gesetzt worden sind Schlehe, Schwarzer Holunder, Brombeere und Himbeere.

Neu gesetzt:
Schlehen,
Brombeeren,
Himbeeren

Vor allem aber wurde die Landwirtschaft den einst geltenden Bedingungen angepaßt: Man brachte die Äcker auf jene Größe, die für die damalige Zeit typisch war; infolge der Realerbteilung bekam jedes Kind den gleichen Anteil, somit waren die Flächen immer kleiner geworden. Das Gelände wird auch so bearbeitet, wie es damals geschah: Kaltblutpferde und Rinder ziehen Egge und Pflug. Das Gerät ist ebenfalls alt. Angebaut werden Roggen, Hafer, Kartoffeln und Klee. Und zwar im Sinne der „Fruchtwechselwirtschaft". Zuvor hatten sich die Bauern an die „Dreifelderwirtschaft" gehalten: Auf ein Jahr Brache, also eine Ruhezeit ohne Anbau, folgte in regelmäßigem Wechsel je ein Jahr Winterroggen und ein Jahr Hafer. Dann mußte das Feld erneut brachliegen, damit der Boden genug Nährstoffe ansammeln konnte. Als man erkannte, daß Klee oder Wicken dem Boden helfen, Stickstoff anzusammeln, konnte auf die Brache weitgehend verzichtet werden. Die Landwirte gingen in der Mitte des 19. Jahrhunderts zur Fruchtwechselwirtschaft über: Nach Kartoffeln und Rüben – beide beanspruchen den Boden sehr – kamen zum Beispiel Klee und die wenig anspruchsvollen Getreide Roggen und Hafer. Roggen, Hafer und Kartoffeln bildeten damals die wichtigsten Lebensmittel im Bergischen Land.

Und schließlich sind ganze Häuser und Scheunen von ihren ehemaligen Standorten hierher versetzt worden. Anders verhält es sich mit dem Weiler Steinscheid, der hier bereits war. Ein Weiler ist eine Gruppe kleiner Höfe, von denen die Bewohner am Ende nicht mehr leben konnten; von dem Weiler Steinscheid blieben nur der Hof Peters und das Haus Helpenstein. Beide bilden heute den Kern des Freilichtmuseums.

Auseinandergenommen und verpflanzt worden sind hingegen anderem das Bandweberhaus, die Schmiede aus Lindlar und die Gaststätte Römer. In der Regel werden, anders als beim Bandweberhaus, die Häuser in den Ecken auseinandergeschnitten, ihre ganzen Wände auf den Tieflader gewuchtet und ins Museum gebracht. Bei diesem modernen Verfahren bleiben Spuren des Gebrauchs erhalten. So zieren Originaltapeten mit Original-Nikotin-Geruch die Gaststätte Römer, und auch der Ruß an der Decke der Schmiede ist echt. Alle Gebäude sind so ausgestattet, wie es einer bestimmten historischen Spanne entspricht. Die Museumsleute nennen das „Zeitschnitt". So finden sich in der Gaststätte Möbel und viele Kleinigkeiten aus den Jahren um 1900: eine Jugendstiltheke mit Zapfaufsatz aus Porzellan, eine Schnapspumpe, die den Branntwein aus dem Keller nach oben beförderte, Glaskästen mit präparierten Tieren

Ein Erntebild
aus alten Zeiten

und schmale Buchenholztische. Die sind so oft mit Quarzsand gescheuert worden, daß die Platten nur mehr ein Drittel so dick sind wie ursprünglich.

Das Freilichtmuseum ist noch lange nicht fertig. Es sucht übrigens Spender, die das Projekt unterstützen.

Extras:

Seminare

Das Freilichtmuseum ist ständig mit Leben erfüllt. Denn Gärten und Äcker müssen bestellt, die Pferde, Rinder, Schafe, Schweine und Gänse versorgt werden. Vor allem mittwochs und samstags können Besucher bei verschiedenen Arbeiten zusehen. Darüber hinaus bietet das Bergische Freilichtmuseum Seminare an, die dazu anregen wollen, alte Wirtschaftsweisen und Handwerke selbst aufzugreifen. Da kann man zum Beispiel lernen, wie Bauerngärten anzulegen sind oder Obstbäume zu schneiden sind, wie man mit der Sense mähen oder Früchte einkochen kann, Gerichte aus Wildkräutern zubereitet oder Wolle filzt.

Interessenten fordern telefonisch die kostenlose Broschüre an.

Museumspädagogische Angebote

Umfangreich und hervorragend sind die **museumspädagogischen Angebote** für Schulklassen sowie Kinder- und Jugendgruppen (in der Regel 15 Teilnehmer).

Wenn nichts anderes angegeben, ist die Teilnehmerzahl auf 15 Personen begrenzt. Die Aktionen dauern in der Regel zwei bis drei Stunden. Die meisten Veranstaltungen können nicht während des ganzen Jahres durchgeführt werden. Einige Aktivitäten sind zudem stark von der Witterung abhängig. Zu gutes, aber auch zu schlechtes Wetter können kurzfristige Änderungen notwendig machen! Für die oben angegebenen museumspädagogischen Aktivitäten stehen nur begrenzte Termine zur Verfügung, so daß eine rechtzeitige verbindliche Anmeldung unbedingt erforderlich ist. Die Angebote 3–10 sind auch für Schulklassen bis zu 25 Kindern geeignet. Im Gruppentarif ist der Museumseintritt enthalten. Anmeldung unter: 02266–3314 oder per Fax: 02266–44845.

1	**Wildkräutersuppe/Wildkräutersalat:** Botanische Wanderung, Kräuter sammeln, Salat zubereiten, gemeinsam essen, spülen und aufräumen	Ab 8 Jahren	Sommer	150 Mark
2	**Gemüsesuppe** (max. 10 Personen): Kleine Führung durch die Gärten, Gemüse ernten und putzen, Ofen anheizen, gemeinsam essen und aufräumen	Ab 10 Jahren	Frühling, Sommer	150 Mark
3	**Holunderküchlein/Salbeimäuse** (max. 10 Personen): Botanische Wanderung, Holunderblätter oder Salbei sammeln, Küchlein backen, gemeinsam essen, spülen und aufräumen	Ab 10 Jahren	Sommer	150 Mark
4	**Kräutertee:** Botanische Wanderung, Kräuter sammeln, Tee aufbrühen, gemeinsam Tee trinken, spülen und aufräumen	Ab 6 Jahren	Sommer	150 Mark
5	**Kränze binden:** Botanische Wanderung, Sammeln von Blüten und Gräsern, gemeinsam Kränze binden	6–13 Jahre	Sommer	150 Mark
6	**Hustensaft** (max. 10 Personen): Botanische Wanderung, Kräuter sammeln, Feuer anheizen, Gläser spülen, Hustensaft zubereiten, spülen und aufräumen	Ab 8 Jahren	Sommer	150 Mark
7	**Halsbonbons** (max. 10 Personen): Botanische Wanderung, Kräuter sammeln, Feuer anheizen, Bonbons zubereiten, spülen und aufräumen	Ab 10 Jahren	Sommer	150 Mark
8	**Ringelblumensalbe** (max. 10 Personen): Botanische Wanderung, Kräuter sammeln, Feuer anheizen, Salbe zubereiten, spülen und aufräumen	Ab 10 Jahren	Sommer	150 Mark
9	**Kräuterquark:** Botanische Wanderung, Kräuter suchen, Quark anrühren, gemeinsam essen, spülen und aufräumen	Ab 6 Jahren	Frühjahr, Herbst	150 Mark
10	**Rübenlaternen basteln:** Botanische Wanderung, Rüben ernten, gemeinsam basteln, aufräumen	9–13 Jahre	Herbst	150 Mark
11	**Herstellen von und Malen mit Naturfarben** (max. 25 Personen): Kleine Führung, Sammeln von Naturfarben, Malen mit den selbst hergestellten Farben	Ab 5 Jahren	Ganz-jährig	150 Mark
12	**Ketten aus Früchten und Naturmaterial:** Botanische Wanderung, Sammeln von Früchten und Naturmaterialien, Basteln der Kette	9–12 Jahre	Spät-sommer	150 Mark
13	**Drechseln mit der Wippdrehbank** (max. 10 Personen): Aufbau der Drechselbank, Aussuchen des Holzes, Drechseln üben	Ab 9 Jahren	Ganz-jährig	180 Mark
14	**Hauswirtschaften auf einem Hof** (max. 10 Personen): Kennenlernen der alten Kochgerätschaften, Rezept aussuchen, Ofen anheizen, kochen/backen, gemeinsam essen, spülen und aufräumen	Ab 10 Jahren	Ganz-jährig	150 Mark
15	**Stockbrot:** Teig anrühren, kleine Führung, Feuer anheizen, gemeinsam backen und essen, spülen, aufräumen	Ab 6 Jahren	Ganz-jährig	110 Mark
16	**Marmelade:** Kleine botanische Wanderung, Früchte sammeln, Feuer anheizen, Marmelade kochen, Gläser spülen, Marmelade abfüllen und mit Brot probieren	Ab 8 Jahren	Herbst	150 Mark
17	**Flöten schnitzen** (max. 25 Personen): Botanische Wanderung, Sammeln von Weidenruten, Schnitzen der Flöten	Ab 10 Jahren	Mai	110 Mark
18	**Wollverarbeitung 1** (max. 25 Personen): Gang zu den Museumsschafen, von der Naturwolle zum Faden, Filzen von kleinen Bällen	6–9 Jahre	Ganz-jährig	180 Mark
19	**Wollverarbeitung 2:** Von der Schurwolle zum Faden, Filzen eines Lappens	9–15 Jahre	Ganz-jährig	180 Mark

20	**Wollverarbeitung 3:** Von der Schurwolle zum Faden, Filzen eines Lappens und eines Filzhutes	Ab 16 Jahren	Ganz- jährig	180 Mark
21	**Lehm- und Fachwerkbau:** Einführung in die Grundlagen	Ab 15 Jahren	Frühjahr, Herbst	Preis auf Anfr.
22	**Bilder aus Naturmaterialien:** Kleine Wanderung, Sammeln von Naturmaterialien, gemeinsames Herstellen der Bilder	Ab 5 Jahren	Frühjahr, Herbst	150 Mark
23	**Literarische Wanderung**	Ab 15 Jahren	Ganz- jährig	60 Mark
24	**Spinnen:** Kleine Wanderung, von der Wolle zum Faden, Spinnen mit Spindel und Spinnrad	Ab 10 Jahren	Frühjahr, Herbst	150 Mark

Museumsführer

Unbedingt zu empfehlen ist der Museumsführer (an der Kasse für 8 Mark erhältlich). Er beschreibt die Entstehung des Freilichtmuseums und enthält grundlegende Ausführungen zu Landwirtschaft, ländlichen Gärten im Bergischen Land, Obstwiesen, Imkerei, Nutztieren und Waldwirtschaft. Außerdem stellt er detailliert die einzelnen Gebäude mit der Geschichte ihrer Bewohner dar.

Jugendherberge

Programme zu Natur und Umwelt bietet auch die Lindlarer Jugendherberge. Sie hat 170 Betten (auch Familienzimmer). Information unter Tel. 02266–52 64, Fax 02266–4 55 17.

(Nur für Mitglieder des Deutschen Jugendherbergswerkes).

Wanderungen und Führungen
Für Kinder von 6–12 Jahren

Der Sauerländische Gebirgsverein lädt Kinder gezielt zu Wanderungen und Führungen ein: Die Themen unter anderem: „Nistkästen aufhängen", „Quelle des Scheelbaches", „Bauen von Unterständen mit Naturmaterial", „Nistkästen abnehmen mit Infos über das Sommerleben der Nistkästen".

Ganz schön dicke Brocken

Besuch bei den Steinhauern

Lindlar ist im wahrsten Sinne des Wortes „steinreich".
Und das seit Jahrhunderten. Denn in seiner Geschichte
spielt der Naturstein eine große Rolle, die sogenannte
Grauwacke. Aus ihm wurden schon vor fast tausend Jah-
ren Kirchen gebaut, Brunnen gesetzt und Böden für
Ställe und Dielen der alten Bauernhäuser gelegt. Die

Versteinerungen
suchen die beiden
Jungen

Stolze Entdeckerin

Menschen bauten anfangs nur den weicheren Stein ab, gerieten sie an härtere Schichten, zogen sie weiter.

Grauwacke ist vor undenklich langer Zeit entstanden: im Erdaltertum, also vor 350 bis 380 Millionen Jahren. Ein Wissenschaftler, der in Lindlar zu Besuch war, hat diese Spanne einmal so beschrieben: Wenn wir sie mit einem Film vergleichen, der normale eineinhalb Stunden dauert, dann macht die Zeit von Christi Geburt bis heute gerade mal 12 Sekunden aus. Wir wissen nicht, ob das mal jemand nachgerechnet hat. Aber wir glauben, es könnte stimmen. Das war jene Zeit, in der sich ein Meer erstreckte, wo sich heute Berge erheben. Bis heute finden wir in der Grauwacke kleine Muscheln und Holzversteinerungen. Wer sich – Hammer, Meißel, Gummistiefel und einen Rucksack für die Fundstücke nicht vergessen – auf eine solche Schatzsuche begeben will, meldet sich zu einer Führung in der LindlarTouristik an. Denn alleine darf man nicht in den Steinbruch, das wäre zu gefährlich.

Wir beginnen unseren Weg zu einem der Steinbrüche an der LindlarTouristik, vor der drei große alte Lindenbäume stehen. Birgit Heck, Mitarbeiterin der Stadtverwaltung, begleitet uns und zeigt uns zahlreiche Bauten aus Grauwacke wie die Kirche St. Severin, aber auch Wegekreuze, von denen es sehr viele in Lindlar gibt, und ein Ehrenmal. Der Stein ist aber keineswegs immer grau, sondern je nach Zusammensetzung auch bräunlich.

Wir gelangen zu einem Steinbruchbetrieb in dem Brungerst nördlich von Lindlar. Dort gucken wir uns an, wie die mächtigen Brocken mit speziellen wassergekühlten Sägen, deren Schnittfläche mit ungemein harten Industriediamanten besetzt ist, zerkleinert werden. An der Decke hängen Kräne, die locker zehn Tonnen heben können.

Kinder dürfen dann auf der Abbruchhalde Versteinerungen aus den Brocken schlagen. Und sie werden sofort fündig.

Erwachsene folgen dem ehemaligen Geschäftsführer des Betriebes, Friedel Schmal, vorbei an Ginster und

Mächtige Sägen
zerteilen die Steine

Brombeerhecken, zu der Grube selbst. Der Blick in dieses riesige Loch ist schon beeindruckend. Er erzählt, daß die Grauwacke hier bereits seit 1633 zu industriellen Zwekken abgebaut wird. Damals war die Arbeit sehr mühsam und ungesund. Und das blieb sie noch lange. Weil die Männer bei der schweren Schufterei Unmengen von Staub einatmeten – damals gab es noch keine Filter- und Absauganlagen – starben viele früh, oft schon mit 40 Jahren, an der „Staublunge".

Man nannte Lindlar Mitte des 19. Jahrhunderts sogar „das Dorf mit den meisten Witwen und Weisen." Aber die Leute konnten sich die Jobs nicht aussuchen; sie hatten schließlich keine Autos, mit denen sie in eine weiter entfernte Fabrik hätten fahren können. Außerdem mochten viele Männer trotz aller Unfallgefahren und Gesundheitsrisiken lieber im Stein malochen als in einer Fabrik eingesperrt zu sein.

Um die Familien abzusichern, war schon 1706 eine Steinhauergilde gegründet worden. In sie zahlte jeder Beschäftigte im Monat ein paar Pfennige ein, und wenn ein Arbeiter schwer krank wurde oder starb, bekam seine Familie einen Notgroschen. Die Gilde wollte aber auch für eine gute Ausbildung sorgen. Bis heute sind die Steinhauer in der Gilde organisiert. Ihr Schutzpatron ist der „Heilige Reinholdus". Sein Fest wird am 7. Januar gefeiert.

Ein Blick auf die
Maschinen
im Steinbruch

Eine große Zahl Arbeiter, berichtet Friedel Schmal, sei auch von auswärts, etwa aus Belgien gekommen, weil der Bedarf an tüchtigen Kräften vor allem Mitte des 19. Jahrhunderts groß war. Um das Jahr 1857 hätten in diesem Steinbruch 45 selbständige Steinmetzmeister mit 1000 Beschäftigten geschuftet. Der Bau der Eisenbahn erleichterte den Transport des Steins in die Städte. Viele Meister wurden richtig reich, und auch die einfachen Arbeiter verdienten während des Sommers gutes Geld. Aber im Winter waren sie arbeitslos; denn bei Frost kann kein Stein abgebaut werden. Und dann ließen die Hausfrauen in den Lebensmittelläden anschreiben und baten „Im Frühjahr bezahle ich" – bis die Besitzer sich irgendwann weigerten.

„Das war eine erbärmliche Zeit", sagt Friedel Schmal, der sie aus Erzählungen seiner Vorfahren kennt.

Ein großer Steinbruch zog früher viele Berufsgruppen an: Die schwierigste Arbeit hatten die Bohrtrupps. Sie brauchten oft einen ganzen Tag, um ein Loch für das Schießpulver zum Sprengen zu bohren. Ganz früher hatten sich die „Steinkühler" von der Natur unterstützen lassen: Sie füllten Wasser in Ritzen, klemmten Keile hinein, das Wasser gefror im Winter und sprengte den Stein. Heute helfen moderne Sprengstoffe. Sie werden aber nur noch sehr selten eingesetzt. Denn beim Sprengen können Risse entstehen, und die Blöcke sollen heil geborgen werden.

Neben den Bohrtrupps wurden im Steinbruch unter anderem auch Schlosser gebraucht. Sie sorgten dafür, daß die Werkzeuge scharf waren. Bis heute gibt es den Beruf des Stößers, der den rohen Stein auf ein besser zu bearbeitendes Maß bringt. Er sieht sofort, wie der Stein gebaut ist. Die einzelnen Schichten sind für den Kenner gut zu erkennen. Der Stößer entscheidet dann, wie der Stein gespalten werden muß, damit er nicht splittert und wertlos wird. Andere Berufe wie „Kipper" erklärt Friedel Schmal den Besuchern.

Grauwacke für Häuser, Kirchen, Straßen und Grabsteine

In ihrer Blütezeit wurde die Grauwacke insbesondere für den Bau von Häusern, Kirchen und Straßen genutzt. Lindlarer Pflastersteine kennen wir von vielen schönen Fußgängerzonen und Plätzen, etwa dem Kölner Altermarkt. Aber Straßen bestehen heute weitgehend aus anderen Materialien, und für teures und obendrein frostempfindliches Kopfsteinpflaster hätten die Städte nur noch selten Geld, bedauert Schmal.

Nach dem Krieg entstanden aus der Linlarer Grauwacke ungezählte Grabsteine für gefallene Soldaten. Allein 40 000 wurden im Auftrag des Volksbundes Deutscher Kriegsgräberfürsorge für Gedenkstätten im In- und Ausland hergestellt. An dieses traurige Kapitel erinnert sich Friedel Schmal noch lebhaft. Er selbst hat Namen der Toten, ihr Geburts- und Todesjahr in den Stein gemeißelt und nachgerechnet, wie jung die Männer sterben mußten.

Inzwischen wird die Grauwacke vor allem für Stufen in Grünanlagen, für Terrassen, Mauern und Grabsteine verwandt. Waren bis vor ein paar Jahren noch 1000 Männer aus Lindlar und Gummersbach in der Steinindustrie tätig, sind es heute nur noch etwa dreißig. Ihnen helfen Maschinen wie die starken Gabelstapler, die den Stein aus der Wand rütteln.

Mit Industriediamanten besetzt sind die Sägen

Extra:

Während der Steinbruch selbst nur mit Führer betreten werden darf, können Gäste den **„Steinhauerpfad"** auch allein gehen. Er beginnt am Marktplatz, führt nach dem Kaufhaus nach links. Wir folgen dem Hinweis „JH". Nach etwa 30 Metern biegt der Weg rechts ab (links ist die Schmiede Lamsfuß). Wir folgen der Borromäusstraße (links), vorbei am Rathaus führt der Weg bis auf die Höhe. Die zweite Straße rechts führt zu den Steinbrüchen. Das Hinweisschild „Steinhauerpfad" leitet zu den Steinbruchbetrieben. Er beginnt schließlich links am großen Grauwackestein. Der „Steinhauerpfad" wurde 1977 angelegt, um einen Eindruck von dem Weg zu geben, den die Steinhauer früher zurückgelegt haben, um zu ihrer Arbeit zu kommen. Vereinzelt sind noch Reste der Arbeitshütten zu sehen, und man kann sich vorstellen, wie eng es in ihnen war.

Was es sonst noch gibt in Lindlar

Bergische Wochen in den Herbstferien

Angenehm einfallsreich sind die Bergischen Wochen mit vielen Angeboten für die ganze Familie in den Herbstferien (Bergische Gerichte, Segelfliegen, Streichelzoo, geführte Wanderungen, Planwagenfahrt, Malseminar). Informationen bei LindlarTouristik.

Campingplatz

Forellenzucht

Freizeitpark
Der Freizeitpark mit dem angrenzenden Wald ist etwa 56 Hektar groß. Die Wege sind behindertengerecht. Der Park bietet unter anderem: einen Abenteuerspielplatz, Ballonstarts, Minigolfplatz

Grillplätze
Reservierungen über LindlarTouristik.

Hobbybauernhof
Der Bauernhof Bölling hält Schafe, Ziegen, Hängebauchschweine, Gänse, Pferde, Kälber, Esel, Hühner und Kaninchen. Nett für kleine Kinder.

Jugendherberge
Das von der Familie Hanisch betriebene Haus bietet: zwölf Schlafräume mit je acht Betten, neun Familienzimmer, zwei Zimmer mit je vier Betten, sechs Zimmer mit je zwei Betten, fünf Tagungsräume.

Lindlar-Touristik

Markttag
ist an jedem Freitag von 8–12 Uhr.

Planwagenfahrten

Von Pferden und nicht vom Traktor gezogen werden die Planwagen der Familie Hungenberg. Die Touren durch den Naturpark Bergisches Land dauern in der Regel drei Stunden und kosten für zehn Personen 200 Mark. Verpflegung ist im Preis enthalten.

Schloß Heiligenhoven

Das ehemalige Rittergut stammt aus dem 15. Jahrhundert. Es ist umgeben von einem Park mit 1000jährigen Eiben. Heute ist in der Anlage ein Familienhotel untergebracht.

Schwimmbad

Segelfliegen

Erlebnis Reichshof

Popcorn macht Freunde

Der Affen- und Vogelpark in Eckenhagen

Zoobesucher sehen Tiere oft nur hinter Gittern, Zäunen, Glasscheiben oder auf der anderen Seite von Wassergräben. Nicht so im Tierpark Eckenhagen. Da dürfen Menschen in Gehegen herumspazieren und sich mit Affen und Vögeln anfreunden. Berberaffen fressen ihnen sogar aus der Hand. Das ist schon ein besonderes Erlebnis. Daß man die Tiere nicht ärgert, versteht sich von selbst.

Futter gibt es übrigens reichlich in diesem Park. Am Eingang können Besucher Popcorn für Gänse, Enten, Hühner, Ziegen, Affen – und für Kinder kaufen. Außerdem dürfen die Gäste hier (ohne zusätzliche Gebühr) grillen oder sich aber in Restaurant und Gartencafé verwöhnen lassen. Wer nicht lange rasten will, schlemmt am Büdchen frische Waffeln mit Kirschen und Sahne (5,40 Mark).

Popcorn, jene Leckerei, die sonst vor allem Kinobesuche versüßt, bekommt übrigens Menschen wie Tieren: „Es ist leicht verdaulich und reich an Ballaststoffen." Darauf weist der Chef des Parks, Dr. Werner Schmidt hin. Er findet es schön, daß die Besucher beim Füttern Kontakt mit

Ganz schön frech
ist das kleine
Berberäffchen

den Tieren aufnehmen: den Vögeln – 150 verschiedene Arten – und den Affen. Neben **Berberaffen** werden hier **Totenkopfäffchen** gehalten. Die darf man zwar anfassen, wenn sie es wollen, oder sogar auf der Schulter sitzen lassen, aber auf keinen Fall füttern. Denn sie sind sehr empfindlich. Die Totenkopfäffchen müssen eine genau abgestimmte und abgewogene Nahrung bekommen, die vor allem aus Obst und Gemüse besteht und auf sieben Mahlzeiten am Tag verteilt wird.

Wer diese putzigen Äffchen beobachtet, kann eine Menge über ihre Gewohnheiten und ihr Verhalten lernen. Normalerweise leben Totenkopfäffchen vorwiegend in den Uferwäldern des Amazonas. Dort schließen sie sich zu großen Horden mit bisweilen mehreren hundert Tieren zusammen. Die Männchen haben bei ihnen übrigens nichts zu melden, sie sind in der Gruppe nur zeitweise geduldet. Chefs der Horde sind Weibchen. Mütter und Töchter halten eng zusammen, und nach zwei bis drei Jahren schicken die Totenkopfdamen ihre Männer weg. Das hat einen guten Grund: So wird nämlich verhindert, daß Vatertiere sich mit den Töchtern paaren. Solche „Inzucht" kann viele Nachteile haben. Sie bringt die Ordnung in der Gruppe durcheinander und hat zur Folge, daß auch körperliche Schwächen und Krankheiten häufiger weitervererbt werden, als gut ist. Männchen, die in der Eckenhagener Gruppe „ausgedient" haben, werden an andere Tierparks abgegeben. Dann müssen neue ihre Aufgabe übernehmen. Ein solcher Austausch ist – sogar weltweit – unter Tiergärten längst üblich.

Spielgeräte gibt's auch – wie dieses Wildwasserrondell

Dürfen nicht
von Besuchern
gefüttert werden:
Totenkopfäffchen

Robuster als die Totenkopfäffchen sind die Berberaffen,
deren Heimat Nordafrika ist. In Eckenhagen gehört
ihnen ein kleines Tal, das den Besuchern ebenfalls offen-
steht. Die Berberaffen dürfen nach Herzenslust mit Popcorn umworben werden. Und es ist schon witzig, die
Affen dabei zu beobachten, wie sie die Besucher höflich
am Ärmel zupfen. Aber Angst, diese Tiere könnten zu
aufdringlich oder gar lästig werden, müsse niemand
haben, betont Werner Schmidt. Die Berberaffen seien
ausgesprochen friedfertig und fänden es höchst amü-
sant, so viel Besuch zu bekommen. Einer ihrer Fans reist
an vielen Wochenenden des Jahres aus 130 Kilometern
Entfernung an, um zahlreiche Stunden im Affental ver-
bringen zu können.

Schmidt versichert, es bestehe auch nicht die Gefahr,
daß die Tiere sich an Popcorn überfressen. „Die nehmen
nur zu sich, was ihnen bekommt." In der Tat kann man

sehen, daß die Berberaffen ziemlich viel Popcorn anknabbern und wegschmeißen. Über die Reste freuen sich dann die einheimischen Vögel, die sich hier in den zahlreichen Bäumen und Sträuchern ebenfalls wohlfühlen.

Den Berberaffen gehe es richtig gut in dem Park, sagt Schmidt. Sie hätten jene Umgebung, die sie auch in freier Wildbahn schätzen: Wiesen, auf denen sie Gras fressen können, Bäume zum Klettern, einen See. Und keine Feinde, die ihnen ihr Fressen streitig machen.

In dem 1981 eröffneten Park gab es zunächst nur Vögel. Das hat eine Vorgeschichte, die mit Werner Schmidt verknüpft ist. Schmidt ist nämlich ein Schüler des berühmten Verhaltensforschers **Konrad Lorenz.** In dessen Sinn sollte auch in dem Eckenhagener Vogelpark wissenschaftlich gearbeitet und das Sozialverhalten von Vögeln beobachtet werden. Denn das folgt bestimmten Gesetzen und Regeln. Den Grundstock des Parks bildeten Grau- und Hausgänse, später kamen Fasane, Zierenten und Watvögel hinzu, bis die Anlage mit mehr als 1000 Vögeln eröffnet werden konnte. Schon im ersten Jahr strömten 65 000 Besucher in das landschaftlich sehr reizvolle Gelände. Neben der Forschung hat der Park ein weiteres Ziel: Vogelarten, die vom Aussterben bedroht sind, sollen hier gezüchtet und später wieder in der Natur ausgesetzt werden, zum Beispiel der Uhu. Konrad Lorenz hat seinem Schüler übrigens ein großes Kompliment gemacht. Ob ein Zoo Tiere naturnah und artgerecht halte, lasse sich an den Zuchterfolgen ablesen. Und die seien in Eckenhagen beachtlich. Ständig wird im übrigen daran gearbeitet, den Tieren noch bessere Lebensbedingungen zu verschaffen. So können immer mehr Vögel in geräumigen Hallen frei umherfliegen, statt in kleinen Flugkäfigen. Neu ist auch ein großes Kranich- und Storchengehege, das auf jüngeren wissenschaftlichen Erkenntnissen beruht. Denn inzwischen weiß man, daß Störche gerne in Kolonien brüten.

Stellvertretend für die vielen Vogelarten von A wie Austernfischer bis Z wie Zwergschneegans seien hier nur die **Grau- und Hausgänse** und die **Beos** genauer beschrie-

Wie Vögel zusammen leben

179

ben. Zu einem der beliebtesten Vögel im Park wurde der Mittelbeo Tobi. Beos, die zur Familie der Stare gehören, sind in Südostasien zuhause. Sie können hervorragend Laute nachahmen. So sagt Tobi zum Beispiel „Kein Anschluß unter dieser Nummer" oder „Komm mal her".

Diese geselligen Vögel sind auch als Haustiere recht beliebt. Wer nach einem Besuch des Tierparks mit dem Gedanken spielen sollte, sich einen Beo anzuschaffen, muß jedoch einiges bedenken: Dieses Tier ist in Gefangenschaft sehr auf den Menschen bezogen. Hat der nicht genug Zeit, sich mit dem Beo zu beschäftigen, verkümmert der Vogel. Außerdem braucht ein Beo viel Platz, um frei fliegen zu können. Natürlich könnte die laute Stimme des Tieres auch Nachbarn stören – denn zum Lautschatz des Beo gehören auch Töne wie schrille Pfiffe, die ziemlich nervtötend werden können. Außerdem fressen Beos Weichfutter, vor allem Früchte und Insekten. Und das verkleckern sie gerne rund um den Käfig. Schließlich sei nicht vergessen: Der (große!) Käfig muß unbedingt täglich gereinigt werden. Und so ist es in den meisten Fällen ratsamer, auf die Anschaffung eines Beo zu verzichten. Auch in Eckenhagen kann man seinen Spaß an diesen Vögeln haben. Und dort ist gewährleistet, daß sie genug Raum und Pflege haben.

Beos kleckern gerne

Seit vielen Jahren erforscht Werner Schmidt Grau- und Hausgänse. Graugänse sind dafür bekannt, daß die Paare eine lebenslange Ehe führen (Hausgänse bilden ebenfalls ein Paar, sind einander aber nicht eben treu). Schmidt beschreibt jedoch, wie die Familienidylle von Graugänsen gestört wird, wenn aus einer größeren Gruppe herausgenommen werden. Das Beispiel ist so interessant, daß es hier ausführlich zitiert werden soll:

„Ich hatte ein Gänsepaar mit sechs Gänschen alleine in ein geräumiges Gehege gesperrt, um dem Paar eine ungestörte Aufzucht zu ermöglichen. Einige Tage später führte ich eine Besuchergruppe an das Gehege, um zu demonstrieren, wie die Gänsemutter ihre Küken hudert, der Vater dabei steht und Wache hält und zwischendurch Eltern und Kinder sich mit vorgestrecktem Hals begrüßen. Statt dessen sahen wir einen Vater, der

mit vorgestrecktem Hals auf eins seiner Kinder losrief. Es weinte („pui-pui-pui"), riß aus. Er drehte um und stimmte, ganz so, als ob er einen Rivalen vertrieben hatte, ein lautes Triumphgeschrei an. In den nächsten Tagen hatte er sich drei Prügelknaben ausgewählt, die er immer wieder angriff, während er für den Rest der Familie der treusorgende Familienvater war. Was hatte zu so ungewöhnlichem artschädigendem Verhalten geführt? Der Vater hatte keinen Feind, gegen den er seine Familie verteidigen konnte. Dadurch stieg seine Aggressionsbereitschaft so weit an, bis sich das aggressive Verhalten gegen einige seiner Kinder entlud, die er dann wirklich als Feinde ansah und entsprechend behandelte. Die Lösung: Die ganze Familie kam zur Gänseschar auf die große Wiese, und da mußte sich der Vater erst einmal mit den anderen Gantern herumschlagen, die ihn und seine Familie androhten. Die Familie hing wieder eng beieinander. Daß eines der Kinder weiterhin als Prügelknabe behandelt worden wäre, habe ich nie mehr beobachtet."

In dem Tierpark haust weiterhin neben all den anderen Vögeln eine freundliche Dohle, genannt „Mädi". Über sie schreibt Werner Schmidt: „Sie hält mir immer den Kopf hin, damit ich ihr das Gefieder kraule und begrüßt mich mit Schwanzzittern, was bei Dohlen die Bekundung höchster Freundschaft ist. Auch zum gemeinsamen Ausflug hat sie mich schon oft eingeladen, natürlich so, wie eine Dohle die andere zum Mitfliegen auffordert: sie fliegt ein paar Zentimeter über meinen Scheitel hinweg."

Kinder und Erwachsene können in dem Affen- und Vogelpark nicht nur interessante Studien zum Familienleben der Tiere treiben. Für sie gibt es hier auch eine Menge Spielgeräte: ein großes Wildwasserrondell, eine Kometenschaukel, Karussels und Auto-Scooter.

Extra:

Kleintier- und Bauernmarkt

An jedem ersten Sonntag im Monat wird am Vogelpark ein großer **Kleintier- und Bauernmarkt** veranstaltet (9–14 Uhr). An Tieren werden angeboten: Kleinvögel, Gänse, Enten, Hühner, Puten und Perlhühner, Ziegen und Schafe, Tauben, Fasane und Pfauen, aber auch Ponies. Der Bauernmarkt lockt mit: Fleisch und Wurst vom Bauernhof, Käse, Quark und Joghurt aus der Bauernkäserei, Gemüse frisch vom Feld, Äpfel, Birnen, Beeren, Kirschen und Zwetschgen, legefrischen Eier, hausgemachten Nudeln, Bauernbrot, Konfitüren und Säften, Spezialitäten von Lamm und Ziege, Honig vom Imker, Forellen, Handarbeiten von Landfrauen.

Was es sonst noch gibt in Reichshof

Badeparadies Montemare
Das Freizeitbad hat Solargrotten, Whirlpools, Wasserfall, Sprudelbecken, Restaurants und eine gelungene Saunalandschaft mit Dampfbad, Blockhaussauna, Außenbekken, Schneekabine und Kräuterwannen.

Gokart-Ring

Grillhütten
Grillhütten können in mehreren Orten gemietet werden. Ein Faltblatt ist über die Kurverwaltung erhältlich.

Jugendherberge
Die Jugendherberge Blockhaus liegt in 500 Metern Höhe im Skigebiet. In zwei Häusern gibt es Betten für Einzelgäste, Familien, Gruppen, Schulklassen usw.

Kurverwaltung

Planwagenfahrten
Sie können zwei Stunden dauern oder einen ganzen Tag: Der Pferdehof Hacke bietet Planwagenfahrten mit oder ohne Verpflegung. Auf dem Hof kann man zelten.

Ski
Skilifte, -hütte und Loipen finden sich in Eckenhagen-Blockhaus.

Erlebnis Waldbröl

Ein Schwein gefällig?

Der Vieh- und Krammarkt

Hähne krähen, Hühner gackern, Gänse schnattern, Sittiche schimpfen. Kleine Mädchen mit dem Tornister auf dem Rücken streicheln kleine Ziegen. Alle Tiere, die hier angeboten werden, sind natürlich käuflich. Und angeblich besonders billig. Das behaupten zumindest die Händler. Einer von ihnen berät gerade zwei Mütter, die überlegen, ob sie für ihre Kinder Zwergkaninchen kaufen sollen. Er erklärt den Frauen, warum die jüngeren Karnickel teurer sind als die etwas älteren: „Die sehen halt niedlicher aus, und das Auge kauft mit."

Welches Kaninchen hat die zartesten Ohren?

Es gibt eine Menge zu sehen auf dem Vieh- und Kram-markt, der an zwei Donnerstagen im Monat in Waldbröl stattfindet. So viel, daß man lange braucht, bis man auch nur halbwegs einen Eindruck von der Fülle bekommen hat. Der Markt nimmt für sich in Anspruch, *die* Attraktion des Oberbergischen zu sein. Erstmals präsentierten die Händler hier vor 150 Jahren Viehzeug, dann kam immer mehr „Kram" dazu. Heute preisen hier jeweils etwa 250 Anbieter alle möglichen Waren an. Sie kommen aus dem gesamten Bundesgebiet und auch aus dem Ausland. Käse aus dem Bergischen bringen sie unters Volk, Textilien aus Wuppertal, Messer aus Solingen, Werkzeug aus Remscheid, Südfrüchte aus dem Hamburger Hafen, Fisch und lose Blumenzwiebeln aus Holland, koffeinfreien Tee aus Afrika. Und an guten Tagen drängeln sich vor den Ständen 15 000 Besucher. Die ganz schlauen warten bis gegen Mittag, wenn die ersten Händler anfangen, ihre Sachen wieder einzupak-ken. Dann wird Verderbliches noch ein bißchen preiswerter. Wir haben hier schon um 12.30 Uhr Roggenbrot zum halben Preis bekommen (und uns noch einen Stuten, ein paar Teilchen und ein großes Schwarzbrot aufschwatzen lassen).

Für Kinder besonders reizvoll ist natürlich der Tiermarkt. Der habe sich gegenüber früheren Zeiten gewaltig verändert, sagt Reinold Wittinghofen vom Niederrhein. „Diese ganzen Viecher", sagt er und zeigt auf winzige Meerschweinchen und bunte Sittiche, „hat es damals nicht gegeben." Er hält solche Hausgenossen offenbar für Schnickschnack. Reinhold Wittinghofen handelt mit nützlichen Vierbeinern, nämlich mit Ferkeln. Eins kostet 75 Mark, und bis es reif für die Tiefkühltruhe ist, dauert es fünf Monate. Das Geschäft gehe schlecht, sagt der Mann, „weil die Leute reich sind". Ein Schwein zu mästen, sei früher lebensnotwendig gewesen. Und da habe es vor Ferkeln hier geradezu gewimmelt: 1500 bis 2000 Quiektiere habe man angeboten. Heute, an einem Donnerstag im Oktober, hat Wittinghofen nur einen Bruchteil davon mitgebracht, höchstens 20. Außerdem, schimpft der Mann weiter, regten sich, anders als früher, die Nachbarn auf, wenn sich auf dem Grundstück nebenan ein Schwein suhle und Fliegen anziehe. Dabei findet Wittinghofen den ganzen „unsichtbaren Dreck" in der Luft viel schlimmer. Trotz der widrigen Umstände bleibt der Mann seinem Beruf treu. Er hat keine Lust, am Ofen zu hocken.

Ringsum finden die Gäste alle möglichen nützlichen und schönen Dinge: putzige Strohtiere und geschmackvolle Blumengestecke, Bürsten und Körbe, hübsche Töpferwaren und preiswerte Äpfel „vom eigenen Hof", meterweise bunte Stoffe und Ständer voller Kinderkleidung, lose Oliven, die nach Knoblauch duften, und sogar Gummibärchentee. Ledergürtel und Waldhonig, Spitzkohl und Küchenhobel, Dinkelbrot und riesengroße warme Unterhosen für dicke Männer. Diese Vielfalt, heißt es, sei einmalig im westdeutschen Raum. Viele von den Händlern treffen wir im übrigen auf dem Platz beim Vogelpark in Eckenhagen wieder. Angeblich kann man mit den Händlern auch feilschen. Wir haben gehört, daß ein paar Besucher versucht haben, den Preis für schöne Stoffe und Kissenbezüge herunterzuhandeln. Das ist ihnen aber mißlungen. „Sie müssen sich schon entscheiden, ob Sie Qualität oder Massenware wollen", hat der Verkäufer gesagt. Aber probieren kann man es ja mal.

Was es sonst noch gibt in Waldbröl

Angeln

Campingplatz

Freizeitpark
Der Königsbornpark an der Kaiserstraße bietet Abenteuerspielplatz und Bolzplatz, Möglichkeiten zum Basketball und Volleyball.

Gartenhallenbad

Naturschutzgebiet
Ein Quellmoorgebiet mit seltenen Moorlilien liegt in der Nutscheid bei Waldbröl-Neuenhähnen.

Reiten

Verkehrsamt

Serviceteil

1. Erlebnis Wuppertal
Zu Kapitel: Eine kleine, mühselige Welt

Adresse:
Museum für Frühindustrialisierung, Engelsstraße 10
42283 Wuppertal (Barmen), Tel. 0202-563-64 98

Anfahrt: Schwebebahn bis Adlerbrücke
Bus 611 und 640 bis Adlerbrücke
Öffnungszeiten: Di–So von 10–13 Uhr und 15–17 Uhr
Eintritt frei, Führungen für alle Schulformen

Zu Kapitel: Der Garten der Tiere

Adresse:
Zoo Wuppertal, Hubertus-Allee 30
42117 Wuppertal, Tel.: 0202–27 47–0,
Fax 0202–74 18 88 (Direktion), 563 80 05 (Verwaltung), Informationstelefon: 0202–563 56 66

Anfahrt:
Direkt zum Zoo: Mit der Deutschen Bahn AG aus Richtung Wuppertal-Hauptbahnhof bzw. Wuppertal-Vohwinkel S-Bahn-Linie 8 oder Nahverkehrslinie 9 bis Bahnhof Wuppertal-Zoologischer Garten. Mit der Schwebebahn bis Haltestelle Zoostadion.
Mit dem Auto: aus Richtung Köln-Düsseldorf und Hagen-Dortmund sowie aus Richtung Essen Autobahn A 46, Abfahrt Wuppertal-Sonnborn.
Cronenberger Straße: Über die A 1 Richtung Dortmund, Abfahrt Ronsdorf, Richtung Cronenberg, Tunnel, weiter Richtung Elberfeld, über den Friedenshain,
Cronenberger Straße (rechts), links in den Jung-Stilling-Weg

Öffnungszeiten:
Täglich von 8.30 Uhr an. Während der Sommerzeit bis 18 Uhr. Während der Winterzeit bis 17 Uhr

Eintrittspreise:
Tageskarten Erwachsene ab 17 Jahren 10,– DM, Kinder 4 bis 16 Jahre 5,– DM, Kleingruppe 1 (1 Erwachsener und bis zu 4 Kinder) 18,– DM; Kleingruppe 2 (2 Erwachsene und bis zu 4 Kinder) 26,– DM; Kombi-Karte Zoo VRR innerhalb Wuppertals Erwachsene 12,– DM, Kinder 8,– DM. Gruppenermäßigungen Zooschule: Anmeldung Mo–Fr 13–14 Uhr, Tel. 02 02/27 47-1 46 (nicht während der Schulferien). Führungen unter Tel. 02 02/27 47-1 53, Fax 02 02/5 63 85 47

Zu Kapitel: Ein Meer auf dem Berg

Adresse:
Freizeitbad Bergische Sonne
Lichtscheider Straße 90, 42285 Wuppertal
Tel. 0202–55 36 05, Fax 0202–55 76 11
Internet-Adresse http://www.bergische-sonne.de
Email: gg@bergische-sonne.de

Öffnungszeiten:
Täglich von 9–23 Uhr, Mi, Fr, Sa von 9–24 Uhr
Eintrittspreise:
Erwachsene
2 Stunden Bad 14,– DM, Bad und Sauna 24,– DM
Freier Eintritt für Kinder bis zum vollendeten dritten Lebensjahr; Wochenend- und Feiertagszuschlag 2,– DM; Gruppentarife nach Absprache

Zu Kapitel: Wo Elefanten blau sind

Adresse: Kindermuseum, Beyeröde 1
42389 Wuppertal (Langerfeld), Tel. 0202-60 52 78

Öffnungszeiten: Di–Fr 10–13 Uhr, Mi auch 15–18 Uhr, Gruppen nur nach Vereinbarung

Zu Kapitel: Vom Leben und Sterben

Adresse:
Jugendfarm Wuppertal e.V.
Rutenbecker Weg 167, 42329 Wuppertal-Sonnborn
Tel. 0202–74 19 01, Fax 0202–74 61 85

Öffnungszeiten für die Offene Kinder- und Jugendarbeit: Eintritt kostenlos, Dienstag und Donnerstag, 14.30–17.30 Uhr, Samstag 10–17 Uhr

Gruppenpreise: Halbtagesgruppen Vier-Stunden-Programm pro Kind 13,– DM, Mindestpauschale 130,– DM. Dreitägige Schulprojektgruppen: Vier-Stunden-Programm pro Tag (außerhalb der Ferien) 500,– DM. Ferienhalbtagesgruppen: Siehe Halbtagesgruppen. Ganztägige Feriengruppen (mit einem Halbtagesprogramm und Übernachtung im Zelt, jedoch ohne Verpflegung): pro Tag und Kind 25,– DM; Mindestpauschale 250,– DM

Zu Kapitel: Ein lebendiges Museum

Manuelskotten

Adresse:

Kaltenbacher Kotten (gen. Manuelskotten), Kaltenbacher Kotten 1, 42349 Wuppertal-Cronenberg

Öffnungszeiten: Siehe Öffnungszeiten Fahrbetrieb Bergische Museumsbahnen. Eintritt frei (Spende in die Kaffeekasse erwünscht). Für Schulklassen mittwochs 10–13 Uhr, mit Ausnahme der Schulferien. Telefonische Anmeldung unter Tel. 0202–47 61 29, für alle anderen Gruppen nach vorheriger Anmeldung, ebenfalls unter Tel. 0202–47 61 29.

Anfahrt:

Mit öffentlichen Verkehrsmitteln: Bus City-Express CE 64. Mit dem Auto: Parkplatz in der Kurve der Solinger Straße, unterhalb der Haltestelle Wahlert und an der Kohlfurt

Bergische Museumsbahnen e.V.

Adresse:

Bergische Museumsbahnen e.V., Postfach 13 19 36, 42046 Wuppertal, Betriebshof Kohlfurter Brücke, Tel. 0202–47 02 51

Öffnungszeiten Fahrbetrieb

Von April bis Oktober jeweils am zweiten Sonntag im Monat zwischen 10.30 und 18 Uhr alle halbe Stunde. An diesen Tagen ist auch der Manuelskotten geöffnet. Für Kinder gibt es darüber hinaus Nikolausfahrten am Nikolaus-Wochenende. Jeweils an den Pfingstfeiertagen großes „Bergisches Straßenbahnfest".

Fahrpreise: Erwachsene: Einfache Fahrt 4,– DM, Hin- und Rückfahrt 6,– DM; Kinder bis 10 Jahre in Beglei-tung Erwachsener frei. Kinder bis 16 Jahren: Einfache Fahrt 2,– DM, Hin- und Rückfahrt 3,– DM. Tageskarte: Erwachsene 12,– DM, Jugendliche 11–16 Jahre 6,– DM

Strandcafé

Adresse

Kohlfurther Brücke 56, 42349 Wuppertal Tel. 0202–47 38 65

Naturfreundehaus

An Wochenenden können Wanderer im Naturfreundehaus „Am Hülsberg", Greuel 27, Rast machen und sich dort stärken (Öffnungszeiten: samstags von 15 Uhr an – Ende offen, sonntags 10 bis 19 Uhr). Das Haus gehört dem „Touristenverein Naturfreunde", Ortsgruppe Cronenberg, die seit gut 75 Jahren besteht. Die „Naturfreunde" waren 1895 in Wien gegründet worden, um Arbeitern, die schwer schuften mußten, Erholung in der Natur möglich zu machen. Gerade heute sehen die Naturfreunde sich dem „sanften Tourismus" und dem Umweltschutz verpflichtet. Für Gruppen ist das Naturfreundehaus auch in der Woche geöffnet. So treffen sich Kinder zwischen drei und 14 Jahren dort alle 14 Tage samstags, 15–17 Uhr, zum Spielen, Basteln, Radfahren oder Wandern (Auskunft bei Renate Buchholz, Hauptstraße 92–94, 42349 Wuppertal, Tel. 0202–47 43 82). Über die Wanderungen des Vereins informiert Arno Clausen, Steinbeck 64, 42119 Wuppertal, Tel. 0202–42 59 98. Haupthaus und Ferienbungalow werden auch für Kinder- und Jugendgruppen oder Familienfreizeiten vermietet (Auskunft bei Jürgen Giesler, Berghauser Straße 92a, 42349 Wuppertal, Tel. 0202–47 65 76).

Zu Kapitel: Wie die Zeit vergeht

Adresse:

Wuppertaler Uhrenmuseum, Poststraße 11 42103 Wuppertal (Elberfeld), Tel.: 0202-4 93 99–0 und -24

Öffnungszeiten: Montag bis Freitag 16–18 Uhr, Samstag 10–13 Uhr

Anfahrt: Mit der Schwebebahn bis Döppersberg Eintritt: Erwachsene 5,– DM, Kinder bis 12 Jahre 2,– DM, Gruppenpreis ab 10 Personen 3,– DM, Führung 25,– DM (auch vormittags zwischen 10–12 Uhr)

Zu Kapitel: Was es sonst noch gibt in Wuppertal

Informationszentrum der Stadt, Döppersberg, 42103 Wuppertal. Hier gibt es auch das Heft „Klassenfahrt nach Wuppertal"

Floßfahren

Kosten: 50,– DM pro Floß. Auskunft erteilt Wolfgang Klug, Tel. 0202–604151.

Adresse: ADFC Kreisverband Wuppertal e.V., Turmhof 6–8, 42103 Wuppertal, Tel. 0202–569–2570, Fax 0202–569–2570.

Fuhlrott-Museum

Fuhlrott-Museum, Auer Schulstraße 20, 42103 Wuppertal, Tel. 0202–563–2618

Öffnungszeiten:

Dienstag bis Donnerstag 10–18, Freitag bis Sonntag 11–16 Uhr.

Marionetten-Theater

Adresse: Neuenteich 80, 42107 Wuppertal, Tel. 0202–44 77 66, Fax 0202–4938471, Kindervorstellung 9,– DM (Erwachsene 14,– DM), Abendvorstellung 28,–

Erlebnis Solingen

Zu Kapitel: Wer erobert die Burg

Stadtinformation Solingen: 02 12–2 90 23 33

Schloß Burg:

Adresse:
Schloßplatz 2, 42659 Solingen

Die **Außenanlagen** sind immer zugänglich. **Innenbesichtigung** mit **Bergischem Museum: Öffnungszeiten:**
Dienstag bis Sonntag 10.00–18.00 Uhr; Montag 13.00–18.00 Uhr (November bis Ende Februar; Dienstag bis Freitag 10.00–16.00 Uhr; Samstag und Sonntag 10.00–17.00 Uhr Montag geschlossen); im Mai werktags schon ab 9.00 Uhr geöffnet. 26. Dezember 1998 und 1. Januar 1999 11.00–16.00 Uhr; geschlossen ab 24., 25. und 31. Dezember

Eintrittspreise:

Erwachsene 6,– DM; Erwachsene in Gruppen (ab 15 Pers.) 5,– DM; Studenten 4,50 DM; Familienkarte 18,– DM; Kinder, Schüler 3,– DM; Schüler im Klassenverband 2,– DM

Wichtig für Schulklassen

Vor den Sommerferien im Mai sind Gruppenbesichtigungen von Schloß Burg und im Bergischen Museum nur nach Voranmeldung mit Führung möglich (nur 4 Führungen stündlich gleichzeitig), werktags 9.00–14.00 Uhr, Telefon 02 12/2 42 26-26 oder Fax 02 12/2 42 26-40

Seilbahn-Burg – Verbindet die Unterstadt zu Füßen des Schloßbergs mit Oberburg und dem Schloß. Täglich 10.00 bis 18.00 Uhr, im Winter bis Einbruch der Dunkelheit. Dezember geschlossen.

Zu Kapitel: Stadt der Schwerter und Klingen

Deutsches Klingenmuseum

Solingen-Gräfrath, im restaurierten, ehemaligen Klostergebäude aus dem 18. Jahrhundert, Bestecksammlungen, Blankwaffen, Schneidgeräte aller Epochen und Kulturen. Ebenfalls ausgestellt ist der Gräfrather Kirchenschatz, Reliquiare und liturgisches Gerät aus dem 12. bis 18 Jahrhundert.

Adresse:

Klosterhof 4, Solingen-Gräfrath

Öffnungszeiten:

Dienstag bis Sonntag 10.00–17.00 Uhr, Freitag 14.00–17.00 Uhr, montags geschlossen
Telefon 02 12/2 58 36-0, 2 58 36-10 für Termine, Fax 02 12/2 58 36-30

Gesenkschmiede Hendrichs

Rheinisches Industriemuseum
hundert Jahre alte Scherenschlägerei und Gesenkschmiede, in ursprünglicher Form erhalten, heute „demonstrierendes Museum"

Adresse:

Merscheider Str. 289–297, 42699 Solingen-Merscheid

Öffnungszeiten Museum: Dienstag bis Samstag 10.00–17.00 Uhr, Sonntag 10.00–16.00 Uhr.
Öffnungszeiten Hammerbetrieb: Dienstag bis Samstag 10.00 bis 12.00 Uhr und 14.30 bis 16.00 Uhr, Telefon 02 12/23 24 10

Anfahrt:

Bahnverbindung: Bahnhof Solingen-Ohligs. Busverbindung: Linie 681, Haltestelle Industriemuseum. Bundes-Autobahn: A3 Abfahrt Langenfeld (über Solingen-Ohligs nach Merscheid), A46 Abfahrt Haan-Ost (über Solingen nach Merscheid)
Im Text nicht beschrieben, jedoch passend zur Thematik

Loos'n Maschinn

Als die Solinger Schleifer von der Wasserkraft auf Dampf umstiegen, nannten sie ihre neuen Kotten „Maschinnen". 1895 gab es 107 davon. Einer wurde mustergültig erneuert. Neben Wohnungen, Gewerberäumen und einer Arztpraxis hat der Eigentümer zusammen mit dem Förderverein Industriemuseum einen Ausstellungsraum zur Geschichte der Dampfschleifereien eingerichtet.

Börsenstr. 87 (SG-Widdert), 42657 Solingen
Telefon 02 12/23 24 10

Öffnungszeiten: erster und dritter Sonntag, in den Sommermonaten jeweils von 15.00 bis 17.00 Uhr auf Anfrage

Das **Rheinische Industriemuseum** des Landschaftsverbands bietet zu bestimmten Terminen thematische Exkursionen durch die Solinger Klingengeschichte an. Für Kinder (10–14 Jahre) gibt es beispielsweise die Fahrradexkursion „Auf den Spuren Solinger Schleifer" (ab Wipperkotten).

Informationen bei Rh. Industriemuseum, Tel. 02 12–23 24 10.

Das Museum gibt auch ein Brettspiel (3–6 Spieler) für Menschen ab 12 Jahre heraus: „Der Scherenschmied", 79,– DM. Die Spieler werden zu Fabrikanten. Sie müssen die nötigen Bedingungen schaffen, um Scherenrohlinge fertigen zu können. Sie stehen zueinander in Konkurrenz und können durch äußere Bedingungen wie Materialknappheit oder andere betriebliche Schwierigkeiten bei ihrer Fabrikgründung behindert werden. Zusätzlich können die Spieler neue Spielvarianten wie „Streik", „Epidemie", „Sabotage" u.v.m. einbauen und so das Spiel selbst gestalten.

Zu Kapitel: Starke Frauen und fleißige Zwerge

Balkhauser Kotten

Schleifermuseum mit alter Wassermechanik, Scherenschleifer-Werkstatt und Designer-Atelier (Kottenstube).

Adresse:
Balkhauser Weg im Stadtteil, Höhscheid/Hästen.

Öffnungszeiten:
Museum: Di bis So 10 bis 17 Uhr, Eintritt: frei

Kottenstube: Sa und So 11 bis 16 Uhr (und nach Vereinbarung). Führungen nach Absprache, Telefon 02 12/4 52 36, Telefax 02 12/4 92 41

Wipperkotten
Solingen-Wipperaue, 42604 Solingen

Der **Außenkotten** ist kein eigentliches Museum. Hier arbeiten Schleifer in „Heimarbeit", die sich gerne bei der Arbeit zusehen lassen.

Öffnungs- und Betriebszeiten:
Montag bis Freitag 10.00 bis 12.00 Uhr, 14.00 bis 16.30 Uhr

Eintritt:
Erw.: 2,– DM, Ki. bis 14 Jahre frei, Gruppenführung 30,– DM.

Förderverein Wipperkotten: Telefon 0212-80 90 33.

Besuche und Führungen nach Absprache, auch für Gruppen und Schulklassen. In den Sommermonaten jeden ersten und dritten Sonntag von 14 bis 16 Uhr geöffnet.
Telefon 81 12 20 Herbert Loos, 80 99 89 Horst Koch, 2 47 39 58 Reiner Schneeloch.

Der **Innenkotten** auf einer Wupperinsel dient als Atelier und Galerie. Sammlung urgeschichtlicher Schneidwerkzeuge, Erzfunde aus dem 10. bis 12. Jahrhundert sowie Gerätschaften aus alten bergischen Kotten.

Geöffnet: Sa und So von 10 bis 18 Uhr, Führung nach Absprache, Telefon 80 03 05.

Öffentlicher Nahverkehr:
Bus Nr. 250 der Fa. „Wiedenhoff" bis „Hasenmühle" (Strecke Köln – Leverkusen – Leichlingen – Solingen)

Tip: Messer und Scheren zum Schleifen mitbringen.

Zu Kapitel: Was es sonst noch gibt in Solingen

Vogel- und Tierpark Solingen-Ohligs

Hermann-Löns-Weg 71, 42697 Solingen
Telefon 02 12–7 59 36

ganzjährig geöffnet: Mo. bis Sa. 9.00 bis 18.00 Uhr, So. 9.00 bis 19.00 Uhr

Eintrittspreise

Kinder ab 2 Jahre 2,50 DM, Kinder ab 14 Jahre und Erwachsene 5,– DM; Gruppenermäßigungen Familienjahreskarte 60,– DM

Die ursprünglich als reiner Vogelpark konzipierte Anlage führt inzwischen auch Säugetiere wie z. B. Luchse, Eis-, Waschbären, Ziegen, Lamas, Alpakas, Affen, Esel. Streichelzoo und Spielplatz für die Kleinen

Tierpark Fauna

in Solingen-Gräfrath, Lützowstraße 347
Telefon 02 12–59 12 56

Der Park liegt nicht weit vom Deutschen Klingenmuseum entfernt und läßt sich gut als Freiluftaktion daran anschließen.

Öffnungszeiten

ganzjährig täglich geöffnet: im Sommer von 9.00 bis 18.00 Uhr, sonntags bis 19.00 Uhr, im Winter von 9.00 bis 17.00 Uhr, Kassenschluß jeweils 1/2 Stunde vor Schließung des Parks

Eintrittspreise

Erwachsene 5,– DM, Kinder 3,– DM, Gruppen ab 12 Personen: Erwachsene 4,– DM, Kinder 2,– DM Einzeljahreskarte 30,– DM, Familienjahreskarte 50,– DM

Der Tierpark ist behinderten- und rollstuhlfreundlich angelegt. Wickelraum für Kleinkinder in der Behindertentoilette.

Parken für 250 PKW im Umfeld des Tierparks.

Hunde dürfen an der **Leine** mitgeführt werden.

Tierparkschule
Gruppen-Eintrittspreise (siehe oben), Führungen (bis zu 60 Minuten) 20,– DM. Führungen/Unterricht mit Schulraumbenutzung 30,– DM, je Arbeitsbogen DIN A 4 0,20 DM

Museum Baden

Solingen-Gräfrath, Wuppertaler Straße 160
Kunstmuseum, Städtische Kunstsammlung, Artothek: Ausstellung bedeutender Sammlungen, Münzen und Porzellane.

Öffnungszeiten:

Di–Do 10.00–15.00 Uhr, Fr–So. 10.00–18.00 Uhr (Schulklassen sind nach Voranmeldung ab 8.00 Uhr früh willkommen), Telefon 2 58 14 11. In diesem Museum finden während der Sommermonate auch Ferienkurse für Kinder statt.

Sternwarte

der Walter-Horn-Gesellschaft e.V.
Sternstraße 5 im Stadtteil Solingen-Wald.
Wetterunabhängiges Sterntheater
Veranstaltungen freitags und samstags 20 Uhr und nach Vereinbarung mit wechselnden Themen. Sternführungen und Himmelsbeobachtungen bei klarem Himmel anschließend. Telefon 33 55.55
Während der Schulferien finden hier spezielle Programme für Kinder statt. Themen sind beispielsweise: „Was sind Sternschnuppen wirklich?", „Einmal Mond und zurück".

Laurel & Hardy-Museum

Bismarckstr. 23, Solingen-Mitte
Leitung: „Grand-Sheik" Wolfgang Günther
Geöffnet nach Vereinbarung; nur mit Führung, Telefon 81 61 09

Das VHS-Filmstudio

Telefon 2 90 24 68 und 2 90 23 86 zeigt in den Ferien speziell für Kinder „ausgewählte Filme zu kleinen Preisen"

Musikschule der Stadt Solingen
Kronprinzenstraße 125, Telefon 2 90 24 45

Städtische Bäder

Hallenbad Solingen, Birkerstraße 55
Do (Warmwassertag), 6.30 bis 21.30 Uhr, Fr (Warmwassertag), 6.30 bis 20.00 Uhr, Sa 7.00 bis 11 Uhr

Sportbad Klingenhalle, Weyersberg
Mi 14.00 bis 18.00 Uhr, Sa 7.00 bis 14.00 Uhr, So 8.00 bis 12.00 Uhr, Frühschwimmer Di bis Fr 6.30 bis 8.00 Uhr. In den Schulferien geschlossen!

Hallenbad Vogelsang, Focher Straße 85
Mo 7.00 bis 8.30 und 14.00 bis 21.30 Uhr, Di (Warmwassertag) 6.30 bis 19.30 Uhr, Fr (Warmwassertag) 6.30 bis 21.30 Uhr, Sa 7.00 bis 14.00 Uhr, So 8.00 bis 13.00 Uhr

Hallenbad Ohligs, Sauerbreystraße 42
Mi (Warmwassertag) 6.30 bis 21.00 Uhr, Fr (Warmwassertag) 6.30 bis 20.00 Uhr, Sa 7.00 bis 11.00 Uhr

Eissporthalle Solingen, Brühler Straße 20
montags 8 bis 10, 11 bis 13, 17 bis 19, Oldie-Disco 20 bis 22 Uhr, dienstags 8 bis 10, 11 bis 13, 14 bis 16 Uhr, mittwochs 8 bis 10, 11 bis 13, 14 bis 17, 20 bis 22 Uhr, donnerstags 8 bis 10, 11 bis 13 Uhr

Disco 17 bis 19 und 20 bis 22 Uhr, freitags 8 bis 10, 11 bis 13, 14 bis 16 Uhr, samstags 10 bis 13, 14 bis 16, 17 bis 19, 20 bis 22 Uhr, sonntags 9 bis 12, 15 bis 18 Uhr

Freibad Heide
42697 Solingen, Telefon 02 12–7 63 12. Inmitten des Naturschutzgebietes Ohligser Heide gelegen, bietet es ein besonders naturnahes Freizeitvergnügen. Wanderwege durch die Heide führen auch zum Rokokoschlößchen **„Hackhausen"** (nur Außenbesichtigung)

3. Erlebnis Remscheid

Zu Kapitel: Ausflug zur Milchstraße

Adresse:

Astronomischer Verein Remscheid
Postfach 100103, 42801 Remscheid

Auskunft über:

Dirk Gützlaff, Tel. 02191–27425

Öffnungszeiten:

Mittwoch von 19.30–21 Uhr, Sonntag 14–16 Uhr bei klarem Himmel. Führungen auf der Sternwarte sind nur für einen begrenzten Personenkreis (15–20 Leute) möglich, da der Platz begrenzt ist.

Zu Kapitel: Der gläserne Mensch

Das Deutsche Röntgen-Museum

Adresse:

Deutsches Röntgen-Museum
Schwelmer Straße 41, 42897 Remscheid-Lennep
Tel. 02191–62759, Fax 02191–163145

Anfahrt:

Autobahn A 1 Köln-Dortmund, Abfahrt Remscheid – Ringstraße – Schwelmer Straße

Öffnungszeiten:

Dienstag bis Freitag 10–16 Uhr, Samstag und Sonntag 11–17 Uhr, Eintritt frei. Führungen nach frühzeitiger Voranmeldung

Zu Kapitel: Was es sonst noch gibt in Remscheid

Freizeitbad H2O

Adresse:

Das Sauna- und Badeparadies
Hackenberger Straße 109, 42897 Remscheid-Lennep
Tel. Empfang 02191–16 41 42, Info-Telefon 02191–16 14 41

Anfahrt:

Mit dem Auto: A1 Abfahrt Remscheid Richtung Lennep Ringstraße – Hackenberger Straße

Mit öffentlichen Verkehrsmitteln: Die Buslinien 655 und 669 der Stadtwerke Remscheid fahren zu H2O

Öffnungszeiten:

Montag 12–23 Uhr (in den Schulferien ab 9 Uhr), Dienstag bis Donnerstag 9–23 Uhr, Freitag 9–24 Uhr, Samstag 9–23 Uhr, Sonntag 9–20.30 Uhr, Feiertage 9–23 Uhr

Eintrittspreise:

Wasserlandschaft: Erwachsene bis 1 1/2 Stunden 8,50 DM, bis vier Stunden 11,– DM, Tageskarte 14,– DM, Kinder bis 14 Jahren von 5,50 bis 9,50 DM, Kinder bis 99 cm Größe 2,– DM ohne Staffelung nach Zeit; 12er Karte Erwachsene bis vier Stunden 110,– DM, Tageskarte 140,– DM, 12er Karte Kinder 75,– bzw. 95,– DM, Familie mit zwei Kindern bis 14 Jahren bis vier Stunden 33,– DM, Tag 30,– DM

Saunalandschaft (inkl. Wasserlandschaft): Vier Stunden 21,– DM, Tag 24,– DM, 12er Karte Erwachsene 210,– bzw. 240,– DM

Tuchmuseum Lennep

Adresse:

Tuchmuseum Lennep
Hardtstraße 2, 42897 Remscheid-Lennep
Tel. 02191–66 92 64, Fax 02191–66 92 64

Öffnungszeiten:

Dienstag 12–16 Uhr, Sonntag 14–17 Uhr, Sondertermine sind möglich, telefonisch vereinbaren oder schriftlich mit Anna Hardt Stiftung, Thüringsberg 14, 42897 Remscheid-Lennep.

Deutsches Werkzeugmuseum

Adresse:

Cleffstraße 2–6, 42855 Remscheid,
Tel. 02191-16 25 19, Fax 02191–16 31 55

Öffnungszeiten:

Dienstag bis Samstag 9–13 und 14–17 Uhr, Sonntag 10–13 Uhr. Eintritt frei.

Städtisches Heimatmuseum

Adresse:

Cleffstraße 2–6, 42855 Remscheid
Tel. 02191–44 25 19

Öffnungszeiten:

Dienstag bis Samstag 9–13 und 14–17 Uhr, Sonntag 10–13 Uhr. Eintritt frei.

4. Erlebnis Wupper

Zu Kapitel: High Tech bis Mittelalter

Picknick unter der Müngstener Brücke

Seit 1997 wieder gepflegte Anlage, Bänke, Tische, Toilette, Minigolf am Kiosk bei Elsa Böhm, Erw.: 3,– DM, Ki.: 2,– DM, 9.00 bis 19.00 Uhr, leichter Zugang zum Wupperufer, viele kostenlose Parkplätze

Anfahrt:

Busse von und nach Unterburg

Nr. 683 nach Solinger Zentrum über Krahenhöhe, Nr. 653 nach Remscheid Zentrum

Wer die Müngstener Brücke direkt ansteuern will: Mit Bus oder Auto bis Müngsten. Parkplätze sind unter der Brücke reichlich eingerichtet.

Wanderwege: Müngsten – Unterburg 3 km, ca. 60 Min., Müngsten – Oberburg 4 km, ca. 80 Min.

Zu Kapitel: Kotten-Tour per Fahrrad

Burg – Wipperaue, ca. 13 km
über Wanderwege A 3, (5)

Nützliche Adressen:

Notgemeinschaft Abwassergeschädigter NAG Wipperkotten, 42604 Solingen, Telefon und Fax 02 12/ 80 03 05. (Der Beitrag zur Mitgliedschaft beträgt nur 10,– DM pro Jahr)

Der Wupperverband hat zur Aufgabe

- Abwasserreinigung mit Abfallbeseitigung
- Betrieb der Talsperren zum Ausgleich der Wasserführung der Wupper
- Trinkwasserbereitstellung
- Gewässerunterhaltung und -ausbau

Information über:

Wupperverband, Zur Schafbrücke 6, 42283 Wuppertal, Tel.: 02 02–5 83-0, Fax: 02 02–5 83-3 17, E-Mail: wupperverband@t-online.de

Literatur:

Wer bergische Schmankerln mal nicht nur mit Brezeln und Dröppelminna, sondern auch literarisch genießen möchte, dem sei das brillante Essay von Vilma Sturm empfohlen „Die Wipper-Wupper-Katze", in „Meine lieben Flüsse", Josef Knecht Verlag, Frankfurt/ M. „Gourmets der Augen" werden den Bildband aus dem Wienand Verlag genießen: Regina Bermes, Kurt Schnöring: „Die Wupper", 1973.

5. Erlebnis Rheinisch Bergischer Kreis

Zu Kapitel: Es war einmal

„Deutscher Märchenwald"

51519 Odenthal-Altenberg, Telefon 0 21 74–4 04 54

Öffnungszeiten:

ganzjährig geöffnet 9.00 bis 19.00 Uhr bzw. bis zum Einbruch der Dunkelheit.

Eintritt:

Erw.: 6,– DM, Kinder 3–14 Jahre: 3,– DM
Terrassen-Waldrestaurant: im Sommer auch abends als Biergarten geöffnet. Wasserspiele stündlich 9.00 bis 19.00 Uhr. Beim Besuch der Wasserspiele wird ein Verzehr im Restaurant erwartet.

Zu Kapitel: Schule zur Kaiserzeit

Das **Schulmuseum** ist in zwei Gebäuden untergebracht. Beide sind museal eingerichtet und bieten am Originalschauplatz historischen Unterricht an:

A) **Schulmuseum** Berg. Gladbach-Katterbach, Kempener Straße 187

Öffnungszeiten:

täglich (außer Montag) 9.30 bis 12.00 Uhr und nach Vereinbarung, Telefon 0 22 02/8 42 47. In den Schulferien geschlossen. Anmeldungen für Führungen und „historischen" Schulunterricht: Telefon 0 22 02–5 55 19, Schauplatz ist das Schulgebäude von 1871 der alten **Volksschule Katterbach**

B) im **Bergischen Museum** für Bergbau, Handwerk und Gewerbe, Bensberg, ist ebenfalls ein **historischer Schulraum** eingerichtet.

Öffnungszeiten:

s. Museum. Die Besichtigung des Schulraums ist im Museumseintritt enthalten.

Bergisches Museum für Bergbau, Handwerk und Gewerbe, Burggraben 9–21 (Nähe Rathaus Bensberg), 51429 Bergisch Gladbach (Bensberg), Telefon 0 22 04–5 55 59, Fax 0 22 02–14 23 40

Öffnungszeiten:

täglich außer Montag 10.00 bis 17.00 Uhr; Museumsverwaltung Postfach 20 09 20, 51439 Bergisch Gladbach

Eintrittspreise: Erw.: 4,– DM, Ki.: 2,– DM

Bergisch Gladbach: Museumspädagogischer Dienst (8.00–12.00 Uhr), Telefon 0 22 02–14 24 37

Zu Kapitel: Singen und Klingen

Jugend- und Volksmusikschule e.V.
Postfach 12 42, 51388 Burscheid. Vorsitzender: Bernhard Lemmen, Telefon 0 21 74–50 75

„Musicalische Academie von 1812 e.V."
1. Vorsitzender Wolfgang Mettlach, Montanusstraße 4, 51399 Burscheid, Telefon 0 21 74–6 19 92

Das sinfonische Blasorchester

„Orchesterverein Hilgen 1912 e.V.", 1. Vorsitzender Günter Haas, Hauptstr. 88, 51399 Burscheid, Telefon 0 21 74–15 04

Musikschulen der anderen Bergischen Gemeinden Adressen sind über die örtlichen Stadt- bzw. Kreis- und Gemeindeverwaltungen zu erfragen.

Zu Kapitel: Was es sonst noch gibt in Burscheid

Lambertusmühle

Anfahrt:

Autobahn A1, Ausfahrt Burscheid Richtung Burscheid-Stadtmitte, vorbei an Post, Kreissparkasse Köln und Lindenzentrum. An der Ampel vor den Goetze-Werken links Richtung Lützenkirchen in die Bürgermeister-Schmidt-Straße abbiegen; nach etwa 800 Metern vor Gärtnerei Plenker links Richtung Repinghofen; Repinghofen durchfahren bis zur Lambertsmühle.

Öffnungszeiten und Eintrittspreise:

Das Heimatmuseum Lambertusmühle ist noch im Aufbau. Besichtigung und Brot-Back-Vorführungen sind für Gruppen auf Anfrage möglich. Nähere Informationen sind vorerst beim Vorsitzenden des Fördervereins zu erfragen: Armin Busche, Tel. 02174–81 47.

Megaphon, Kulturzentrum
Adresse:
Sträßchen 12, 51399 Burscheid, Tel. 02174–6 14 89

Öffnungszeiten:

Freitag und Samstag Beginn 18 Uhr, Kids-Disco: Beginn 18 Uhr, Live-Club: Einlaß 20 Uhr

Megaphon

Tel. 02174–6 14 89, Stadt Burscheid: Tel. 02174–89 22 34, Booking Office: Tel. 02174–89 22 34, 0171–7 50 99 20
Veranstaltungen für Erwachsene, Jugendliche und Kinder: Theater, Jazz, Kabarett, Disco, Film, Kleinkunst, Club, Flohmarkt u.v.m., sowie Sonderprojekte:

Beschäftigungsprojekt Lernen & Arbeiten
für jugendliche Arbeitslose Mo–Do 8–16 Uhr, Freitag 8–15 Uhr

Live auf Sendung aus den Megaphon-Studios Radio-Produktion
Nachrichten, Reportagen und Musik aus unserem Kreis, Recherche und Produktion, Termine nach Vereinbarung, Tel. 02174–6 38 89

6. Das Oberbergische Land

Erlebnis Engelskirchen
Zu Kapitel: Zuflucht für Menschen und Fledermäuse

Informationen über:
Verkehrsamt der Gemeinde Engelskirchen, Engelsplatz 4, 51766 Engelskirchen, Tel. 02263–83137

Terminvereinbarungen unter:
Tel. 02263–83137 oder Fax 02263–1610

Öffnungszeiten:
15. März bis 1. November, Donnerstag bis Sonntag und Feiertag 10–17 Uhr

Sonderführungen mit Musik Sonntag 14, 15.15 und 16.30 Uhr

Eintrittspreise:
Erwachsene 4,– DM, Kinder 2,50 DM, Schülergruppen pro Person 2,– DM, Gesellschaften ab 10 Personen pro Person 3,– DM

Erlebnis Wiehl
Zu Kapitel: Was es sonst noch gibt in Wiehl

Eissporthalle
Die Saison beginnt Mitte September und dauert bis Anfang April. Laufzeiten: dienstags, donnerstags und freitags 16.15–17.45, 20.15–22 Uhr, mittwochs (Kinderdisco) 16.15 bis 17.45 Uhr, samstags 14–16.30 Uhr, 20–22 Uhr, sonntags 9.30–11.30, 14.45–16.30, 20.15–22 Uhr. In den Schulferien erweitertes Angebot. Eintrittspreise: Jugendliche bis einschließlich 17 Jahren 3,– DM (Zehnerkarte 20,– DM), Erwachsene 6,– DM (Zehnerkarte 50,– DM). Abends gilt der Erwachsenentarif. Schlittschuhverleih Jugendliche und Erwachsene 5,– DM. Eislaufschule Jugendliche 55, DM, Ewachsene 75,– DM. Tel. 02262–9 77 22.

Grillplatz
Ein überdachter Grillplatz befindet sich im Wiehlpark (Auskunft Tourist-Information, Tel. 02262- 99–195).

Jugendherberge
Die Jugendherberge Wiehl hat 171 Betten in Schlafräumen mit meist 6 Betten, 10 Familienzimmer. Adresse: An der Krähenhardt 6, 51674 Wiehl, Tel. 02262–9 34 10.

Kultur für Kids
Kindertheater, Musik und Autorenlesungen organisiert der Kulturkreis Wiehl, Rathaus, Bahnhofsstraße 1, 51674 Wiehl, Tel. 02262–9 92 85.

Museum „Achse, Rad und Wagen"
Adresse: Ohlerhammer, 51674 Wiehl, Öffnungszeiten samstags 14.30 -17.30 Uhr, täglich kostenlose Gruppenführungen nach Anmeldung. Anfahrt: über die A 4 oder mit dem Stadtexpress Köln-Gummersbach. Vom Bahnhof Dieringhausen fahren die Busse 302 und 306.

Postkutschenfahrt
Fahrscheinverkauf für die ganze Strecke bei der Touristik-Information Wiehl, Bahnhofsstraße 1, 51674 Wiehl, Tel. 02262–9 9195 oder bei der Kur- und Gästeinformation Nümbrecht, Lindchenweg 1, 51588 Nümbrecht, Tel. 02293–518. Teilstreckenkarten gibt es nur beim Postillon.

Planmäßige Fahrten ab Nümbrecht Post 10.00 Uhr, an Wiehl Bahnhof 12.00 Uhr, ab Wiehl, Hotel zur Post 13.30 Uhr, an Nümbrecht Post 16.00 Uhr. Fahrpreise (einfache Fahrt): Erwachsene 21,– DM, Kinder bis 10 Jahre 15,– DM, Kinder bis 5 Jahre, die auf dem Schoß sitzen können, müssen nichts zahlen.

Verkehrsamt
Bahnhofsstraße 1, 51674 Wiehl
Tel. 02262–99 195, Fax 02262–99 247

Schwimmbäder
Solarfreibad in Wiehl-Ortskern, Tel. 02262–9 92 95, Mai bis September, Montag bis Freitag 11–20 Uhr, Samstag, Sonntag und Feiertage 8–20 Uhr, Eintrittspreise Erwachsene 5,– DM, Jugendliche 2,50 DM.

Beheiztes Freibad Wiehl-Bielstein, Tel. 02262–30 96, Mai bis September, Montag bis Freitag 7.30–20 Uhr, Samstag, Sonntag, Feiertage 8–20 Uhr, Eintrittspreise Erwachsene 5,– DM, Jugendliche 2,50,– DM.

Hallenbad Wiehl-Bielstein, Tel. 02262–10 98, Becken 8x25 Meter, Drei- und Einmeter-Turm, unterschiedliche Öffnungszeiten

Wiehlpark
Auskünfte beim Verkehrsamt Wiehl, Tel. 02262–9 91 95, Fax 02262–9 92 47

Erlebnis Lindlar

Zu Kapitel: Ackergäule ziehen den Pflug

Adresse:

Bergisches Freilichtmuseum für Ökologie und bäuerlich-handwerkliche Kultur des Landschaftsverbandes Rheinland, Pollerhofstraße 19–21, 51789 Lindlar, Tel. 02266–33 14, 33 68 oder Museumsladen/Kasse 02266–47 19 20, Fax 02266–4 48 45

Öffnungszeiten:

Mai bis Oktober Dienstag bis Freitag 10–18 Uhr, Samstag und Sonntag 10–19 Uhr, November bis April Dienstag bis Sonntag 10–16 Uhr

Eintrittspreise:

Erwachsene 5,– DM, ermäßigt 3,– DM, Gruppen Erwachsene 4,50,– DM ab 10 Personen, Schulgruppen 2,50 DM pro Kind, Familienkarte 10,– DM (2 Erwachsene und Kinder bis 14 Jahre)

Anfahrt: Mit öffentlichen Verkehrsmitteln: Ab Köln-Hauptbahnhof in 60 Minuten: entweder mit dem „Talent" bis Engelskirchen, umsteigen in den Bus 332 Richtung Wipperfürth, bis zur Haltestelle „Freilichtmuseum" oder mit der Straßenbahnlinie 11 nach Bergisch Gladbach, weiter mit dem Bus 421 bis Haltestelle „Scheller/Freilichtmuseum" bzw. „Falkenhof". Das Museum hält sogar Pläne mit den Abfahrtszeiten bereit!

Mit dem Auto: Aus Richtung Köln über die A4 bis Abfahrt Untereschbach/Lindlar, von da die L 299 Richtung Lindlar, etwa 10 Kilometer bis zum Parkplatz am Museumsgelände.
Aus Richtung Olpe über die A4 Abfahrt Engelskirchen/Lindlar, von dort Richtung Lindlar, etwa 1,5 Kilometer hinter dem Ortsausgang links Parkplatz am Bergischen Freilichtmuseum.

Zu Kapitel: Ganz schön dicke Brocken

Führungen durch den Steinbruch organisiert Lindlar-Touristik, Hauptstraße 12, 51789 Lindlar

Tel. 02266–9 64 07 und 9 64 12, Fax 02266–88 67, Internet http://www.lindlar.de

Zu Kapitel: Was es sonst noch gibt in Lindlar

Campingplatz
Der Campingplatz „Wiesengrund" ist ganzjährig geöffnet. Er hat 270 Stellplätze, 30 davon für Gäste, 20 für Reisemobile. Er liegt ruhig in einem Seitental. Der Stellplatz kostet pro Nacht 10,– DM, pro Erwachsenen 5,– DM, pro Kind (2–13 Jahre) 4,– DM. Ein Zelt kostet pro Nacht 5,– DM. Adresse: Brochhagen, 51789 Lindlar, Tel. 02266–89 78, Fax 02266–4 41 20.

Forellenzucht
Die Bergische Fischzuchtanstalt Hans Hugo Rameil befindet sich am Merlenbach 11, Tel. 02266–53 92, Fax 02266–4 42 05. Besichtigung und Führungen nach Vereinbarung.

Freizeitpark
April bis Oktober, Samstag/Sonntag ab 10 Uhr, sonst ab 13 Uhr, Gruppenreservierung unter Tel. 02266–27 55, Tennisplätze, Freiluftschach, weitere Freiluftspiele (Hüpfglocke, Tischtennis) und Grilltische.

Hobbybauernhof: Adresse: Talstraße 71, 51789 Lindlar-Altenrath, Tel./Fax 02266–27 01.
Jugendherberge: Adresse: Jugendherberge Lindlar, Jugendherberge 30, 51789 Lindlar, Tel. 02266–52 64, Fax 02266–4 55 17. Hausprospekt.

Lindlar-Touristik
Das (umbenannte) Verkehrsamt hält Hotelverzeichnis, Wanderkarten und -vorschläge, Behindertenwegweiser, Stadtspiele für Schüler, Infos „Burgen, Schlösser und Kapellen" und eine Liste von Büchern über das Bergische bereit. Adresse: Hauptstraße 12 (Am Marktplatz), 51789 Lindlar, Tel. 02266–9 64 07 und 9 64 12, Fax 02266–8867, Internet-Adresse http://www.lindlar.de

Planwagenfahrten
Adresse: Josef Hungenberg, Voßbruch, 51789 Lindlar, Tel. 02266–72 10. Bis 10 Pers. 300,– DM, jede weitere Person 15,– DM

Schwimmbad
Das Hallenbad im Freizeitpark öffnet im Sommer auch seine Liegewiesen. Es hat eine 60-Meter-Rutsche, Tel. 02266–9 61 80.

Segelfliegen
Der Luftsportverein „Bergische Rhön" auf dem „Holzer Kopf" freut sich auch über Gäste. Voranmeldung unter Tel. 02266–85 02. Mitflug pro Person 25,– DM.

Zu Kapitel: Was es sonst noch gibt in Nümbrecht

Das Ökodorf
Ein Besuch lohnt sich vor allem von Mai bis Oktober (Tel. 02295–62 68). Eine Gruppenführung für ca. 15–30 Personen kostet 35,– DM

Haus der Geschichten
Graf-Albert-Str. 40, 51709 Marienheide-Müllenbach; geöffnet So von 15–19 Uhr und nach Vereinbarung

Minigolf
Öffnungszeiten (wetterabhängig) 1. April bis 31. Oktober, Montag bis Freitag 10–22 Uhr, Samstag und Sonntag 10–21 Uhr.

Zu Kapitel: Was es sonst noch gibt in Reichshof

Badeparadies Montemare
Freizeitbad-Info unter Tel. 02265–5 01, Hahnbucher Str. 21, 51580 Reichshof-Eckenhagen

Gokart-Ring
Die Gokart-Bahn Hahn-Wildbergerhütte, Tel. 02291–24 96, ist Samstag, Sonn- und Feiertags 10 bis 19 Uhr geöffnet.

Grillhütten
Grillhütten befinden sich in Sotterbach (Ansprechpartner Michael Rau), Tel. 02296–85 53, in Ohlhagen (Pferdehof Hacke, Tel. 02261–7 76 13), Windfus (Arnulf Riske, Tel. 02265–84 49), Eckenhagen (Dr. Schmidt, Vogelpark, Tel. 02265–87 86), Wildbergerhütte (Otto Krüth, Tel. 02297–13 33).

Jugendherberge: Adresse: 51580 Reichshof Eckenhagen, Tel. 02265–8628, Fax 02265–9042

Kurverwaltung
Die Kurverwaltung des Feriengebietes Eckenhagen, Barbarossastraße 5, 51580 Reichshof-Eckenhagen, Tel. 02265/470, 194 33, 9425 oder 9070, ist auch im Internet unter der Adresse http://www.reichshof-online.de

Planwagenfahrten
Adresse: Pferdehof Hacke, Ohlhagen b. Hunsheim, 51580 Reichshof, Tel. 02261–7 76 13, Fax 02261–7 93 34, Kosten: 15,– DM pro Person. Erlebniswochenenden im Stroh für Kinder bietet neben Planwagenfahrten der Hof „Vier Linden", Zimmerseifer Weg 3, 51580 Reichshof-Zimmerseifen, Tel. und Fax 02261–5 96 41.

Erlebnis Waldbröl

Zu Kapitel: Ein Schwein gefällig?

Auskunft über den Vieh- und Krammarkt unter der Rufnummer 02291–85-196 (Marktverwaltung)

Anfahrt:

Mit dem Auto: Waldbröl ist über die A 4 Köln-Olpe (Abfahrten Reichshof-Denklingen, Waldbröl und Wiehl) und über die A 3 Köln-Frankfurt (Hennef/Siegburg und Willroth/Flammersfeld) zu erreichen.

Mit der Bahn: Aus Köln und Siegen bis Bahnhof Schladern (Sieg); aus Köln, Hagen und Wuppertal bis Bahnhof Dieringhausen (City-Bahn Köln-Gummersbach).

Busverbindungen: Von Gummersbach über Dieringhausen, von Nümbrecht und Wiehl, von Rosbach, Schladern und Wissen, um nur einige zu nennen.

Zu Kapitel: Was es sonst noch gibt in Waldbröl

Campingplatz
Der Campingplatz mit 300 Einstellplätzen und vielen Freizeitmöglichkeiten (Freibad) liegt in Waldbröl-Niederhof. Auskünfte bei Platzwart Müller, Tel. 02291–80 08 43

Gartenhallenbad
Das Bad befindet sich im Sportzentrum. Es hat eine Liegewiese, Planschbecken und Drei-Meter-Sprungturm. Tel. 02291–85-1 26.

Reiten
Pferdeverleih, Ausritte, Ponyreiten für Kinder, Kutschfahrten etc. bietet die Reithalle Happach, Tel. 02291–2522.

Verzeichnis der Fremdenverkehrsämter

Bergisch Gladbach
Stadtverwaltung
Presseabteilung
Konrad-Adenauer-Platz
51465 Bergisch Gladbach
Tel. (0 22 02) 14 22 40-41
Telefax (0 22 02) 14 22 41

Burscheid
Stadtverwaltung
Abt. 10
Bismarckstr. 8
51399 Burscheid
Tel. (0 21 74) 89 22 31
Telefax (0 21 74) 89 23 00

Düsseldorf
Werbe- und Wirtschafts-
förderungsamt
Mühlenstraße 29
40200 Düsseldorf
Tel. (02 11) 8 99-38 20
Telefax (02 11) 8 92 90 61

Verkehrsverein
Immermannstr. 65/
Ecke Konrad-Adenauer-Platz
Tel. (02 11) 17 20 20
Telefax (02 11) 16 10 17

Engelskirchen
Verkehrsamt
Rathaus/Engelsplatz 4
51766 Engelskirchen
Tel. (0 22 63) 83-137
Telefax (0 22 63) 16 10

Gummersbach
Fremdenverkehrsamt
Rathausplatz 1
51643 Gummersbach
Tel. (0 22 61) 8 75 58
Telefax (0 22 61) 8 76 00

Hückeswagen
Stadtverwaltung
Fremdenverkehrsamt Rathaus
42499 Hückeswagen
Tel. (0 21 92) 8 81 12
Telefax (0 21 92) 8 81 09

Köln
KölnTourismus
Unter Fettenhennen 19
50667 Köln
Tel. (02 21) 2 21 33 45
Telefax (02 21) 2 21 33 20

Kürten
Verkehrsamt
Marktfeld 1
51515 Kürten
Tel. (0 22 68) 9 39-171
Telefax (0 22 68) 9 39-1 18

Langenfeld
Amt für Presse und Öffentlich-
keitsarbeit
Konrad-Adenauer-Platz 1
40764 Langenfeld
Tel. (0 21 73) 79 42 50/1
Telefax (0 21 73) 79 42 22

Leichlingen
Stadtverwaltung
Rathaus
Am Büscherhof 1
42799 Leichlingen
Tel. (0 21 75) 9 92-113
Telefax (0 21 75) 9 92-175

Lindlar
Verkehrsamt
Borromäusstraße 1
51789 Lindlar
Tel. (0 22 66) 96-4 07
Telefax (0 22 66) 88 67

Marienheide
Gemeindeverwaltung
Hauptstraße 20
51709 Marienheide
Tel. (0 22 64) 22 40/22-0
Telefax (0 22 64) 22 61

Mettmann
Amt für Öffentlichkeitsarbeit
Neanderstraße 85
40822 Mettmann
Tel. (0 21 04) 7 95-4 54
Telefax (0 21 04) 7 95-3 33

Monheim
Amt für Öffentlichkeitsarbeit und
Wirtschaftsförderung
Rathausplatz 2
40789 Monheim am Rhein
Tel. (0 21 73) 95 11 32
Telefax (0 21 73) 95 11 39

Morsbach
Kultur- und Verkehrsamt
Bahnhofstraße 2
51597 Morsbach
Tel. (0 22 94) 6 99-0
Telefax (0 22 94) 69 91 87

Nümbrecht
Tourist-Information
Lindchenweg 1
51588 Nümbrecht
Tel. (0 22 93) 5 18
Telefax (0 22 93) 5 10

Odenthal
Kultur- und Sportabteilung
Rathaus
51519 Odenthal
Tel. (0 22 02) 71 00
Telefax (0 22 02) 71 01 90

Overath
Verkehrsamt
Hauptstraße 25
51491 Overath
Tel. (0 22 06) 6 02-103
Telefax (0 22 06) 6 02-193

Ratingen
Verkehrsamt
Minoritenstraße 2–6
40878 Ratingen
Tel. (0 21 02) 98 25 35
Telefax (0 21 02) 98 21 35

Reichshof
Verkehrsamt/Kurverwaltung
Eckenhagen
Babarossastraße 5
51580 Reichshof
Tel. (0 22 65) 4 70
Telefax (0 22 65) 3 56

Remscheid
Wirtschaftsförderung
Remscheid GmbH
Elberfelder Straße 41
42853 Remscheid
Tel. (0 21 91) 9 23 20
Telefax (0 21 91) 92 32 50

Rösrath
Gemeindeverwaltung
Rathaus
51492 Rösrath
Tel. (0 22 05) 80 21 11
Telefax (0 22 05) 80 21 31

Solingen
Stadtinformation
Rathaus
Cronenberger Straße 59–61
42651 Solingen

Tel. (02 12) 2 90 23 33
Telefax (02 12) 2 90 24 79

Velbert
Verkehrsverein
Friedrichstraße 181a
42551 Velbert
Tel. (0 20 51) 45 42
Telefax (0 20 51) 5 47 05

Wermelskirchen
Verkehrsamt/Verkehrsverein
Telegrafenstraße 29–33
42929 Wermelskirchen
Tel. (0 21 96) 71 00
Telefax (0 21 96) 71 05 55

Wiehl
Verkehrsamt –
Tourist Information

Bahnhofstr. 1
51647 Wiehl
Tel. (0 22 62) 9 91 95
Telefax (0 22 62) 9 92 47

Wipperfürth
Verkehrsamt
Rathaus/Marktplatz 1
51688 Wipperfürth
Tel. (0 22 67) 64-3 36
Telefax (0 22 67) 64-3 11

Wuppertal
Presse- und Informationsdienst
Pavillon am Döppersberg
42103 Wuppertal
Tel. (02 02) 5 63 22 70
Telefax (02 02) 5 63 80 52

Sach- und Ortsregister

Literaturverzeichnis

Abeler, Jürgen: „Das Wuppertaler Uhrenmuseum", Walter de Gruyter

„Abels Schloß und Ritter Burg. Rundgang durch Schloß Burg und seine spannende Geschichte", Thales Verlag

Arlt, Jochen und Dietsch, Doro (Hrsg.): „Wo wir uns finden – Bergisches Lesebuch", rem-Verlag

Bergisches Freilichtmuseum, Katalog

Bermes, Regina/Schnöring, Kurt, „Die Wupper", Wienand Verlag

Bettelheim, Bruno, „Kinder brauchen Märchen", dtv Verlag

Böseke, Heidi und Harry: „Das Bergische Land", J. P. Bachem Verlag

Caboga-Stuber, Herbert de, „Kleine Burgenkunde", Rheinland Verlag

Cüppers, Carl, „Tornister, Tafel, Tintenfaß", Gronenberg Verlag

Deutsches Klingenmuseum, „Geschichte und Geschichten für Kinder"

Deutsches Röntgen-Museum, Katalog

Fischer, G. A., „Schloß Burg und andere Burgen des Rheinlands", Hrsg. Schloßbau-Verein Burg an der Wupper

Frank, Jürgen/Nied, Peter, „Auf Messers Schneide", Klartext Verlag

Goebel, Klaus (Hrsg.): „Historisch Schauplätze in Wuppertal, Solingen und Remscheid", Born-Verlag

Habert, Rosemarie, „Altenberg – Domführer für Kinder", Hans Altenberg Verlag

Hammermann, Günter, „Wanderungen im Bergischen Land", Proste Verlag

Hansmann, Winfried: „Die evangelische Kirche in Nümbrecht-Marienberghausen"

Haedecke, H. U., „Menschen und Klingen", Martor Verlag

Hermann, Helmut, „Ein Streifzug durch fünf Jahrhunderte Messer und Klingen", Martor Verlag

Heuse, J./Kötter, H./Türk, U., „Circusspiele, Ideen für die Circuspraxis", Maternus Verlag

Landeskonservator Rheinland, „Die Eisenbahnbrücke über die Wupper zu Müngsten", Rheinland Verlag

Materialien des Museums für Frühindustrialisierung Wuppertal

Miquel, Pierre, „So lebten sie zur Zeit der Ritter und Burgen", Tessloff Verlag

Reinmöller, Dr. Lore, „Geschichte des Schloßbauvereins Burg a. d. Wupper 1887–1962", Schmidt Verlag

Rheinisch Bergischer Kalender, Heimatjahrbuch für das Bergische Land, Heider Verlag

Schmidt-de Bruyn, Ruth, „Kultur und Geschichte im bergischen Land", Bachem Verlag

Schmoeckel, Gisela/Klaes, Holger, „Ausflugsziele im Bergischen Land", Pomp Verlag

Schnöring, Kurt/Klaes, Holger, „Ausflugsziele im Bergischen Land", Pomp Verlag

Soechting, Dirk, „Mein Schloß Burg Buch", Gronenberg Verlag

Verschuren, Ineke (Hrsg.): „Der Drache mit den sieben Köpfen", Urachhaus

Vomm, Wolfgang, „Bergisches Museum für Bergbau, Handwerk und Gewerbe"

Weitershagen, Paul, „Die Bergische Truhe", Greven Verlag

Zygowski, Dieter W.: „Die Aggertalhöhle in Ründeroth", Verkehrsamt Engelskirchen